国际财务报告准则

国际财务报告准则第12号
——在其他主体中权益的披露

（汉英对照）

中国会计准则委员会　组织翻译

中国财政经济出版社

图书在版编目（CIP）数据

国际财务报告准则．第 12 号，在其他主体中权益的披露：汉、英/中国会计准则委员会组织翻译．北京：中国财政经济出版社，2012．12

（国际财务报告准则）

ISBN 978 – 7 – 5095 – 4145 – 6

Ⅰ．①国…　Ⅱ．①中…　Ⅲ．①国际财务管理 – 报告 – 规范 – 汉、英　Ⅳ．①F811．2 – 65

中国版本图书馆 CIP 数据核字（2012）第 287261 号

责任编辑：徐　洁　　　　版式设计：康普宝蓝

封面设计：九州迅驰

中国财政经济出版社 出版

URL：http：//ckfz．cfeph．cn

E – mail：ckfz@ cfeph．cn

社址：北京市海淀区阜成路甲 28 号　邮政编码：100142

发行处电话：88190406　财经书店电话：64033436

河北零五印刷厂印刷　各地新华书店经销

787 × 1092 毫米　16 开　7．5 印张　150 000 字

2013 年 1 月第 1 版　2013 年 1 月河北第 1 次印刷

定价：30．00 元

ISBN 978 – 7 – 5095 – 4145 – 6/F · 3365

（图书出现印装问题，本社负责调换）

图字：01 – 2013 – 0574

本社质量投诉电话：010 – 88190744

International Financial Reporting Standards (IFRSs) together with their accompanying documents are issued by the International Accounting Standards Board (IASB):

30 Cannon Street, London, EC4M 6XH, United Kingdom.

Tel: +44 (0) 20 7246 6410 Fax: +44 (0) 20 7246 6411

Email: info@ ifrs. org Web: www. ifrs. org

ISBN 978 - 7 - 5095 - 4145 - 6

IFRS Foundation Publications Department

30 Cannon Street, London, EC4M 6XH, United Kingdom.

Tel: +44 (0) 20 7332 2730 Fax: +44 (0) 20 7332 2749

Email: publications@ ifrs. org Web: www. ifrs. org

国际财务报告准则（IFRSs）及其配套文件由国际会计准则理事会（IASB）发布。
30 Cannon Street, London, EC4M 6XH, United Kingdom.
Tel: +44 (0) 20 7246 6410   Fax: +44 (0) 20 7246 6411
Email: info@ ifrs. org
Web: www. ifrs. org

ISBN 978 - 7 - 5095 - 4145 - 6

IFRS Foundation Publications Department
30 Cannon Street, London, EC4M 6XH, United Kingdom.
Tel: +44 (0) 20 7332 2730   Fax: +44 (0) 20 7332 2749
Email: publications@ ifrs. org   Web: www. ifrs. org

国际财务报告准则中文翻译审核专家组

组　长： 王　军　财政部党组副书记、副部长，中国会计准则委员会主席，博士生导师

副组长： 余蔚平　财政部部长助理

组　员： 冯淑萍　全国人大常委会预算工作委员会副主任，中国会计准则委员会委员，博士生导师

沈小南　全国社会保障基金理事会副理事长，中国会计准则委员会咨询专家

杨　敏　财政部会计司司长，中国会计准则委员会秘书长

汤云为　上海财经大学教授，上海市会计学会会长，博士生导师

刘光忠　财政部会计司副司长，中国会计学会秘书长

袁文辉　德勤华永会计师事务所技术部合伙人，中国会计准则委员会咨询专家

支晓强　中国人民大学商学院副院长，副教授

毛新述　北京工商大学商学院副院长，副教授

陆建桥　财政部会计司准则二处处长，中国会计准则委员会咨询专家

出版说明

2011年，国际会计准则理事会先后发布了《国际财务报告准则第10号——合并财务报表》、《国际财务报告准则第11号——合营安排》、《国际财务报告准则第12号——在其他主体中权益的披露》和《国际财务报告准则第13号——公允价值计量》四项新准则，并对《国际会计准则第1号——财务报表列报》、《国际会计准则第19号——雇员福利》、《国际会计准则第27号——合并财务报表和单独财务报表》和《国际会计准则第28号——在联营企业和合营企业中的投资》四项准则进行了修订。除修订后的《国际会计准则第1号》于2012年7月1日生效外，上述其他新发布或修订的国际财务报告准则都将于2013年1月1日起生效。

我国2006年发布的企业会计准则体系实现了与国际财务报告准则的趋同。2010年，财政部又发布了《中国企业会计准则与国际财务报告准则持续趋同路线图》。为借鉴国际财务报告准则完善我国企业会计准则体系，实现中国准则与国际财务报告准则的持续趋同，中国会计准则委员会组织人员对国际会计准则理事会新发布或修订的上述八项准则进行了翻译。经国际财务报告准则基金会认可的中文翻译审核专家组审核，上述国际财务报告准则中文版是国际财务报告准则基金会认可的国际财务报告准则官方译本，为国际财务报告准则基金会的正式出版物。

在翻译审校过程中，财政部会计司陆建桥、高大平、朱琳、陈瑜、夏文贤、徐华新、林屾等同志对本书的译稿进行了校译。财政部会计司副司长、中国会计学会秘书长刘光忠和财政部会计司司长、中国会计准则委员会秘书长杨敏对全部译稿进行了审阅。本书最后由财政部部长助理余蔚平和财政部党组副书记、副部长、中国会计准则委员会主席王军审定。值此相关国际财务报告准则中文版出版之际，特别感谢国际财务报告准则中文翻译审核专家组以及中国财政经济出版社的有关同志为本书的翻译出版工作所付出的辛勤劳动！

中国会计准则委员会

2013 年 1 月

总目录

国际财务报告准则第 12 号
——在其他主体中权益的披露

目　录

《国际财务报告准则第12号——在其他主体中权益的披露》由第1段至31段和附录一至附录三组成。所有段落都具有同等效力。以粗体标示的段落规定了主要原则。附录一中定义的术语在本国际财务报告准则首次出现时以斜体字标示。国际财务报告准则术语汇编给出了其他术语的定义。《国际财务报告准则第12号》应结合其目标和结论基础、《国际财务报告准则前言》和《财务报告概念框架》的内容一并阅读。在缺乏明确指南的情况下，《国际会计准则第8号——会计政策、会计估计变更和差错》规定了选择和应用会计政策的基础。

引言

1.《国际财务报告准则第 12 号——在其他主体中权益的披露》适用于在子公司、合营安排、联营企业或未纳入合并财务报表范围的结构化主体中拥有权益的主体。

2. 本国际财务报告准则自 2013 年 1 月 1 日或以后日期开始的年度期间起生效，允许提前采用。

发布本国际财务报告准则的原因

3. 财务报表使用者一致要求改善报告主体在其他主体中权益的披露，以有助于确定报告主体可获得的损益和现金流量，并确定在报告主体当前或未来投资的价值。

4. 他们强调了对纳入合并财务报表范围的子公司以及主体在未纳入合并财务报表范围但具有特殊关系的合营安排、联营企业中的权益的信息需求。

5. 2007 年爆发的全球金融危机也集中说明有关报告主体因涉入结构化主体（包括主体发起的结构化主体）而面临的风险缺乏透明度。

6. 为响应使用者和包括二十国集团领导人和金融稳定理事会在内的其他方面的建议，理事会决定在《国际财务报告准则第 12 号》中说明当报告主体与上述其他主体具有特殊关系时，改善报告主体在其他主体中权益的披露的必要性。

7. 理事会认为这是一个机会，可以将有关子公司、合营安排、联营企业和未纳入合并财务报表范围的结构化主体的披露要求进行整合并保持一致并且可以将这些披露要求放入一个准则。理事会观察到《国际会计准则第 27 号——合并财务报表和单独财务报表》、《国际会计准则第 28 号——联营中的投资》和《国际会计准则第 31 号——合营中的权益》披露要求方面存在重叠。另外，许多反馈者认为，有关在未纳入合并财务报表范围的结构化主体中的权益的披露要求不应当体现在合并财务报表准则中。因此，理事会得出结论，将在其他主体中权益的披露准则予以合并将更易理解和应用在子公司、合营企业、联营企业和未纳入合并财务报表范围的结构化主体中的披露要求。

本国际财务报告准则的主要特点

8. 本国际财务报告准则要求主体披露有助于财务报表使用者评估下列各项的信息：

（1）与在其他主体中权益相关的风险及其性质；以及

（2）上述权益对其财务状况、财务业绩和现金流量的影响。

总体要求

9. 本国际财务报告准则设立了披露目标，根据该目标，主体披露的信息应有助于财务报表使用者：

（1）了解：

①在确定在其他主体或安排中权益的性质（即控制、共同控制或重大影响）时，以及确定其拥有权益的合营安排类型时，所做的重大判断和假设（以及对这些判断和假设所做的变更）；以及

②非控制权益方在集团活动和现金流量中拥有的权益。

（2）评估：

①对主体使用集团资产和清偿集团负债的重大限制的性质和程度；

②与主体在纳入合并财务报表范围的结构化主体中权益相关的风险性质及其变化；

③主体在未纳入合并财务报表范围的结构化主体中的权益的性质和程度，以及与这些权益相关的风险的性质及其变化。

④主体在合营安排、联营企业中的权益的性质、范围及其财务影响，以及与这些权益相关的风险的性质。

⑤母公司在子公司的所有者权益变动的结果，该变化不导致母公司失去对子公司的控制；以及

⑥在报告期失去对子公司控制的结果。

10．本国际财务报告准则规定了主体必须提供的最低披露要求。如果本国际财务报告准则所规定的最低披露要求不足以实现披露目标，主体应当披露实现披露目标的其他信息。

11. 本国际财务报告准则要求主体考虑满足披露目标的必要详细程度，以及对本国际财务报告准则各项要求的强调程度。主体应根据情况进行汇总披露或分解披露，以免有用的信息因淹没在大量不重要细节中或因将具有不同特征的项目予以加总而被模糊处理。

国际财务报告准则第 12 号
——在其他主体中权益的披露

目标

1. 本国际财务报告准则的目标是，要求主体披露有助于其财务报表使用者评估下列情况的信息：

（1）主体在其他主体中权益的性质及与之相关的风险；以及

（2）这些权益对主体财务状况、财务业绩和现金流量的影响。

实现目标

2. 为实现第 1 段中的目标，主体应当披露：

（1）在确定主体在其他主体或安排中权益的性质，以及确定主体拥有权益的合营安排的类型时所做的重要判断和假设（第 7 段至 9 段）；以及

（2）有关主体在下列各项中的权益的信息：

①子公司（第 10 段至 19 段）；

②合营安排和联营企业（第 20 段至 23 段）；以及

③非由主体控制的结构化主体（未纳入合并财务报表范围的结构化主体）（第 24 段至 31 段）。

3. 如果本国际财务报告准则所要求的披露与其他国际财务报告准则所要求的披露不能实现第 1 段的目标，主体应当披露实现上述目标所需的其他必要信息。

4. 主体应考虑实现披露目标的必要详细程度，以及对本国际财务报告准则各项要求的强调程度。主体应根据情况进行汇总披露或分解披露，以避免有用的信息因淹没在大量不重要细节中或因将具有不同特征的项目予以汇总而变得模糊（参见应用指南第 2 段至第 6 段）。

范围

5. 本国际财务报告准则适用于在下列各项之一中拥有权益的主体：

（1）子公司；

（2）合营安排（即共同经营或合营企业）；

（3）联营企业；

（4）未纳入合并财务报表范围的结构化主体。

6. 本国际财务报告准则不适用于：

（1）《国际会计准则第19号——雇员福利》规范的离职后福利计划或其他长期雇员福利计划。

（2）《国际会计准则第27号——单独财务报表》规范的主体单独财务报表。但是，如果主体在未纳入合并财务报表范围的结构化主体中拥有权益，并且编制单独财务报表作为其唯一的财务报表，在编制其单独财务报表时，该主体应适用第24段至31段的要求。

（3）主体在其参与的但并非共同控制的合营安排中的权益。除非该权益对合营安排有重大影响或该权益为主体在结构化主体中的权益。

（4）《国际财务报告准则第9号——金融工具》规范的在其他主体中的权益。但是，主体对于在下列各项中的权益，应当遵循本准则：

①在联营企业或合营企业中的权益，按照《国际会计准则第28号——联营企业和合营企业中的投资》，主体对其以公允价值计量且公允价值变动计入损益；或者

②在未纳入合并财务报表范围的结构化主体中的权益。

重大判断和假设

7. 主体应当披露其在确定下列各项时所做的重大判断和假设（以及对这些判断和假设所做的变更）：

（1）主体控制其他主体（即《国际财务报告准则第10号——合并财务报表》第5段和第6段所述的被投资者）；

（2）主体对某一安排拥有共同控制权或对其他主体具有重大影响；以及

（3）合营安排的类型（即共同经营或合营企业），如果该合营安排通过一单独工具予以结构化。

8. 根据第7段披露的重大判断和假设包括，事实和情况变化导致主体在报告期有关其是否控制、共同控制或重大影响的结论发生变化时所作的判断和假设。

9. 为遵循第7段的要求，主体应当披露在确定诸如下列各项时所作的重大判断

和假设：

（1）即使主体拥有另一主体一半以上的表决权，主体并不控制该另一主体。

（2）即使主体拥有另一主体一半以下的表决权，主体仍控制该另一主体。

（3）主体是代理方或委托方（参见《国际财务报告准则第10号》第58段至72段）。

（4）即使主体拥有另一主体20%或20%以上的表决权，主体对该另一主体并不具有重大影响。

（5）即使主体拥有另一主体20%以下的表决权，主体仍对该另一主体具有重大影响。

在子公司中的权益

10. 主体在其合并财务报表中披露的信息应当有助于其合并财务报表使用者：

（1）了解：

①集团的构成；以及

②非控制权益方在集团活动和现金流量中拥有的权益（第12段）；以及

（2）评估：

①主体在使用集团资产、清偿集团负债方面所受的重大限制的性质和程度（第13段）；

②与主体在纳入合并财务报表范围的结构化主体中的权益相关的风险的性质和变化（第14段至17段）；

③主体在子公司的所有者权益变动的结果，该变动不会导致主体丧失对子公司的控制（第18段）；以及

④主体在报告期丧失对子公司控制的结果（第19段）。

11. 编制合并财务报表所用的子公司财务报表的报告期期末日与合并财务报表不同时（参见《国际财务报告准则第10号》应用指南第92段和第93段），主体应当披露：

（1）子公司财务报表报告期期末日；以及

（2）使用不同日期或期间的原因。

非控制权益方在集团活动和现金流量中的权益

12. 对于拥有重要的非控制权益的每一子公司，主体应当披露：

（1）子公司的名称。

（2）子公司的主要经营地（以及子公司主要经营地不同于其注册国时，子公司的注册国家）。

（3）非控制权益方持有的所有者权益的比例。

（4）非控制权益方所持有的表决权比例，如果该比例不同于其所持有的所有者权益比例。

（5）报告期分配至子公司非控制权益方的损益。

（6）子公司在报告期末累积的非控制权益。

（7）有关子公司的财务信息概要（参见应用指南第10段）。

重大限制的性质和程度

13. 主体应当披露：

（1）主体在使用集团资产和清偿集团负债方面的重大限制（如法定限制、合同限制和监管限制），例如：

①对母公司或其子公司与集团内其他主体之间相互转移现金或其他资产的限制。

②可能限制与集团内其他主体之间支付股利或其他资本性分配的担保或其他要求，或者可能限制与集团内其他主体相互借贷或提供（或清偿）预付款的担保或其他要求。

（2）非控制权益方的保护性权利的性质和程度，该权利能够严重限制主体使用集团资产或清偿集团负债的能力（例如，当母公司在清偿自身负债前必须先清偿某子公司负债，或要求征得非控制权益方同意后才能使用某子公司的资产或清偿某子公司的负债）。

（3）上述限制所涉及到的资产和负债在合并财务报表中的账面金额。

与主体在纳入合并财务报表范围的结构化主体中权益相关的风险的性质

14. 主体应当披露要求母公司或其子公司对某纳入合并财务报表范围的结构化主体提供财务支持的合同安排条款，包括使该报告主体承担损失的事项或情况（例如清算安排或与购买结构化主体资产或向结构化主体提供财务支持的义务相关的信用评级触发事件）。

15. 即使没有合同义务，如果母公司或其子公司在报告期对纳入合并财务报表范围的结构化主体提供了财务支持或其他支持（例如购买结构化主体资产或其发行的工具），报告主体应当披露：

（1）提供支持的类型和金额，包括母公司或其子公司帮助结构化主体获得财务支持的情况；以及

（2）提供支持的原因。

16. 即使没有合同义务，如果母公司或其子公司在报告期对之前未纳入合并财务报表范围的结构化主体提供了财务支持或其他支持，并且这一支持导致报告主体控制了该结构化主体，主体应当披露并解释促成这一决定的相关因素。

17. 主体应当披露当前向纳入合并财务报表范围的结构化主体提供财务支持或其他支持的意图，包括帮助结构化主体获得财务支持的意图。

母公司在子公司所有者权益中的变化未导致母公司丧失控制权的结果

18. 主体应列报一份清单，反映母公司在子公司所有者权益的变化对母公司所有者权益的影响，这些变化未导致母公司失去控制权。

在报告期丧失对子公司控制权的结果

19. 主体应当披露按照《国际财务报告准则第 10 号》第 25 段计算的利得和损失：

（1）在丧失对子公司控制权时，以公允价值计量对该子公司剩余投资产生的利得或损失；以及

（2）确认该利得或损失的损益项目（如果该利得或损失没有单独列示的话）。

在合营安排和联营企业中的权益

20. 主体应当披露有助于财务报表使用者评价下列各项的信息：

（1）主体在合营安排和联营企业中的权益的性质、范围和财务影响，包括与对合营安排或联营企业具有共同控制、重大影响的其他投资者之间的合同关系的性质和影响（第 21 段和第 22 段）；以及

（2）与主体在合营企业或联营企业中权益相关的风险的性质及其变化（第 23 段）。

主体在合营安排和联营企业中的权益的性质、范围和财务影响

21. 主体应当披露：

（1）对报告主体而言，每一个重要的合营安排和联营企业：

①合营安排或联营企业的名称。

②与合营安排或联营企业关系的性质（例如，通过描述合营安排或联营企业经营活动的性质，以及合营安排或联营企业是否对主体经营活动具有战略影响）。

③合营安排或联营企业的主要经营地（以及合营安排或联营企业主要经营地不同于其注册国时合营安排或联营企业的注册国家）。

④主体所持有的所有者权益比例或参与份额，以及二者不同于主体所拥有的表决例时的表决权比例（如果适用的话）。

（2）对报告主体而言，每一个重要的合营企业和联营企业：

①是采用权益法还是以公允价值计量在合营企业或联营企业中的投资。

②按照应用指南第12段和第13段规定，关于合营企业和联营企业的概要财务信息。

③当采用权益法对合营企业和联营企业进行会计处理时，如果该投资具有公开市场报价，应当披露主体在合营企业和联营企业的投资的公允价值。

（3）应用指南第16段关于主体在合营企业和联营企业中单个看非重要投资的下列财务信息：

①所有非重要合营企业的汇总财务信息；以及

②所有非重要联营企业的汇总财务信息。

22. 主体还应当披露：

（1）有关合营企业或联营企业以现金股利、归还主体贷款或预付款形式向主体转移资金的重要限制（例如，这些限制来自对合营企业或联营企业具有共同控制或重大影响的投资者之间的借款安排、监管要求或合同安排）的性质和程度。

（2）如果采用权益法核算的合营企业或联营企业的财务报表报告期期末日不同于报告主体，主体应当披露：

①合营企业或联营企业财务报表报告期期末日；以及

②使用不同日期的原因。

（3）当主体采用权益法不再确认其在合营企业或联营企业中损失份额时，合营企业或联营企业在报告期未确认损失的份额和截至报告期末累计未确认损失的份额。

与主体在合营企业和联营企业中的权益相关的风险

23. 主体应当披露：

（1）与合营企业有关的承诺，该承诺与应用指南第18段至20段要求的其他承诺金额分别披露。

（2）根据《国际会计准则第37号——准备、或有负债和或有资产》，除非损失的可能性极小，与主体在合营企业或联营企业中权益相关的或有负债（包括与其他对合营企业或联营企业具有共同控制或重大影响的投资者共同发生的或有负债中属于主体的份额）应当与其他或有负债金额分别披露。

在未纳入合并财务报表范围的结构化主体中的权益

24. 主体应当披露：

（1）有助于财务报表使用者了解主体在未纳入合并财务报表范围的结构化主体中权益的性质和范围的信息（第26段至28段）；以及

（2）有助于财务报表使用者评价与主体在未纳入合并财务报表范围的结构化主

体中权益相关的风险的性质及其变化的信息（第29段至31段）。

25. 第24（2）段所要求的信息包括：主体在以前报告期与未纳入合并财务报表范围的结构化主体（例如发起该结构化主体）相关风险的信息，即使主体在报告日不再合同涉入结构化主体。

权益的性质

26. 主体应当披露有关其在未纳入合并财务报表范围的结构化主体中权益的定性信息和定量信息，包括但不限于结构化主体的性质、目的、规模和活动，以及结构化主体的融资方式。

27. 如果主体已经发起未纳入合并财务报表范围的结构化主体，但没有提供第29段所要求的信息（例如，因为主体在报告日在结构化主体中没有权益），主体应当披露：

（1）主体确定其选择所发起的结构化主体的方式；

（2）主体在报告期从结构化主体中获得的收益，包括对所列示的收益类型的描述；以及

（3）主体在报告期转移至结构化主体的所有资产（转移时的）账面金额。

28. 除非其他形式更恰当，主体应当以表格形式列示第27段（2）和（3）的信息，并将其发起活动划分至相关类别（参见应用指南第2段至6段）。

风险的性质

29. 除非其他形式更恰当，主体应当以表格形式披露下列各项的概要：

（1）在财务报表中确认的与主体在未纳入合并财务报表范围的结构化主体中权益相关的资产和负债的账面金额。

（2）上述确认的资产和负债在财务状况表中列示的项目。

（3）最佳代表主体在其结构化主体中权益的最大损失敞口的金额，包括这些最大损失敞口是如何确定的。如果主体不能量化其在未纳入合并财务报表范围的结构化主体中的权益的最大损失，主体应当披露这一事实及原因。

（4）与主体在未纳入合并财务报表范围结构化主体中的权益相关的资产和负债的账面金额与其在这些结构化主体中权益的最大损失敞口的比较。

30. 在没有合同义务的情况下，如果主体在报告期已经向之前或当前拥有权益的未纳入合并财务报表范围的结构化主体提供了财务支持或其他支持（例如购买结构化主体的资产或购买结构化主体发行的工具），主体应当披露：

（1）提供支持的类型及数量，包括主体帮助结构化主体获得财务支持的情况；以及

（2）提供支持的原因。

31. 主体应当披露当前向未纳入合并财务报表范围的结构化主体提供财务支持或其他支持的意图，包括帮助结构化主体获得财务支持的意图。

附录一　术语定义

本附录是本国际财务报告准则的组成部分。

来自结构化主体的收益	本国际财务报告准则所称“来自结构化主体的收益”，包括但不限于一次性和多次性收费、利息、股利、重新计量或终止确认在结构化主体中的权益产生的利得和损失，以及向结构化主体转移资产和负债产生的利得和损失。
在其他主体中的权益	本国际财务报告准则所称“在其他主体中的权益”，是指导致主体从另一主体的业绩中获得可变回报的合同或非合同涉入。在其他主体中的权益可以用以下情况证明，但不仅限于以下情况：持有权益性或债务性工具以及诸如提供融资、流动性支持、信用增级和担保等其他形式的涉入。包括主体对另一主体拥有控制、共同控制或重大影响等方式。主体并不必定仅仅因为存在典型的客户供应关系而在另一主体中拥有权益。 应用指南第7段至9段提供了关于在其他主体中权益的更多信息。 《国际财务报告准则第10号》应用指南第55段至57段对可变回报进行了解释。
结构化主体	设计该主体的目的是在确定主体控制方时，表决权或类似权利不构成决定性因素，例如，当表决权仅与行政管理工作相关，以及相关活动由合同安排主导时。 应用指南第22段至24段提供了关于结构化主体更多的信息。

下列术语在《国际会计准则第27号》（2011年修改）、《国际会计准则第28号》（2011年修改），《国际财务报告准则第10号》和《国际财务报告准则第11号——合营安排》中予以定义。本国际财务报告准则所使用的这些术语与上述国际财务报告准则中的意思相同：

- 联营企业
- 合并财务报表
- 对主体的控制
- 权益法
- 集团
- 合营安排
- 共同控制

- 共同经营
- 合营企业
- 非控制权益
- 母公司
- 保护性权利
- 相关活动
- 单独财务报表
- 单独主体
- 重大影响
- 子公司

附录二　应用指南

本附录是本国际财务报告准则的组成部分。它对第1段至31段的应用进行了描述，与本国际财务报告准则的其他部分具有相同的效力。

1. 本附录中的示例使用的是假设情况。尽管这些示例的某些方面可能以实际情况模式呈列，但是特定实际情况模式的相关事实和情况在应用《国际财务报告第12号》时应予以评估。

汇总（第4段）

2. 主体应根据其情况确定用于满足报表使用者信息需求的详尽程度、对本准则要求的不同方面的强调程度，以及主体对这些信息予以汇总的方式。主体有必要在无助于财务报表使用者的过多过细财务报表阅读负担，与因详细程度不足而导致信息不明之间寻求平衡。

3. 对于在相似主体中的权益，主体可以汇总披露本国际财务报告准则要求的信息，只要这种汇总披露与应用指南第4段的披露目标和要求一致，并且不会导致信息模糊。主体应披露汇总其在相似主体中的权益的方式。

4. 主体应当分别列报有关其在下列各项中的权益的信息：

（1）子公司；

（2）合营企业；

（3）共同经营；

（4）联营企业；以及

（5）未纳入合并财务报表范围的结构化主体。

5. 在确定是否汇总信息时，主体应当考虑将予汇总的每一主体不同风险和回报特征的定量信息和定性信息，以及他们对报告主体的重要性。主体应当以能够向财务报表使用者清楚解释其在上述其他主体中权益的性质和范围的方式予以披露。

6. 应用指南第4段所要求的对各类主体予以恰当汇总的例子如：

（1）活动的性质（如研究和开发主体、循环信用卡证券化主体）。

（2）行业分类。

（3）地区分布（如国家或地区）。

在其他主体中的权益

7. 在其他主体中的权益，是指导致报告主体从其他主体的业绩中获得可变回报的合同或非合同涉入。对其他主体的目的和设计的考虑可能有助于报告主体评估是否其在该其他主体中拥有权益，从而有助于评估是否应当提供本国际财务报告准则所要求的披露。这一评估包括其他主体的设计所产生的风险及因设计其他主体而转移给报告主体和其他方的风险。

8. 报告主体通常因持有工具（如其他主体发行的权益工具或债务工具）或通过其他包含风险可变性的涉入方式而承担其他主体业绩的可变回报风险。例如，假定结构化主体持有贷款组合。结构化主体从其他主体（报告主体）处取得信用违约互换，以免遭受贷款本金和利息违约风险。由于信用违约互换包含了结构化主体回报的可变性，报告主体的涉入使其承担来自结构化主体业绩回报的可变风险。

9. 某些工具的设计是为了将报告主体的风险转移给其他主体。这些工具为其他主体创造了可变回报，但一般不会使报告主体承担来自其他主体业绩的回报的可变风险。例如，假定结构化主体的设立是为了向愿意承担主体Z的信用风险的投资者提供投资机会（主体Z与安排中的任何一方无关）。结构化主体通过向投资者发行与主体Z信用风险相关的票据（与信贷相关票据）获得资金，并将所获收益投向无风险金融资产组合中。结构化主体通过与互换对应方签订信用违约互换而承担了主体Z的信用风险。信用违约互换将主体Z的信用风险传递给结构化主体以获得互换对应方支付的费用。结构化主体中的投资者收到较高回报，这一回报既反映了结构化主体从其资产组合中获得的回报，也反映了信用违约互换的费用。互换对应方并没有涉入使其面临结构化主体业绩回报可变风险的结构化主体，因为信用违约互换将可变性转移给结构化主体，而不是承担结构化主体回报的可变性。

子公司、合营企业和联营企业的财务信息概要（第12段和21段）

10. 当子公司中存在对报告主体重要的非控制权益时，主体应当披露：

（1）支付给非控制权益方的股息。

（2）有关子公司资产、负债、损益和现金流量的财务信息概要，这些信息有助于财务报表使用者了解非控制权益方在集团活动和现金流量中的利益。例如，这些信息可能包括但不限于流动资产、非流动资产、流动负债、非流动负债、收入、损益和综合收益总额。

11. 应用指南第10段（2）所要求的财务信息概要应当为集团内公司间相互抵销

前的金额。

12. 关于对报告主体重要的合营企业和联营企业，报告主体应当披露：

（1）从合营企业或联营企业收到的股利。

（2）有关合营企业和联营企业的财务信息概要（参见应用指南第 14 段和第 15 段），包括但不仅限于：

①流动资产。

②非流动资产。.

③流动负债。

④非流动负债。

⑤收入。

⑥持续经营损益。

⑦非持续经营税后损益。

⑧其他综合收益。

⑨综合收益总额。

13. 除了应用指南第 12 段所要求的财务信息概要外，关于对报告主体重要的每一合营企业，主体应当披露下列各项的金额：

（1）包括在应用指南第 12 段（2）①中的现金和现金等价物。

（2）包括在应用指南第 12 段（2）③中的流动负债（不包括交易及其他应付款和准备）。

（3）包括在应用指南第 12 段（2）④中的非流动金融负债（不包括交易及其他应付款和准备）。

（4）折旧和摊销。

（5）利息收益。

（6）利息费用。

（7）所得税费用或收益。

14. 根据应用指南第 12 段和 13 段列示的财务信息概要应当是根据国际财务报告准则列报的合营企业或联营企业财务报表中的金额（而不是主体在这些金额中的份额）。如果主体采用权益法对其在合营企业或联营企业中的权益进行会计处理，则：

（1）根据国际财务报告准则编制的合营企业或联营企业财务报表中的金额应予以调整，以反映主体采用权益法核算时进行的调整，如取得时的公允价值调整以及因会计政策差异而作的调整。

（2）主体应当提供按照主体在合营企业或联营企业中的权益的账面金额对财务信息概要的调节。

15. 如果存在下列情况，主体可以根据合营企业或联营企业的财务报表列示应用指南第 12 段和第 13 段所要求的财务信息概要：

（1）主体按照《国际会计准则第 28 号》（2011 年修改）以公允价值计量其在合营企业或联营企业中的权益；

（2）合营企业或联营企业没有根据国际财务报告准则编制财务报表，并且据此编制财务报表是不切实际的或将产生不必要的成本。

（3）在上述情况下，主体应当披露财务信息概要编制的基础。

16. 主体应当以汇总金额披露其在以权益法核算的单项非重要合营企业或联营企业的权益的账面价值。主体也应当单独披露其在合营企业或联营企业中下列各项所占份额的汇总数：

（1）持续经营损益。

（2）非持续经营税后损益。

（3）其他综合收益。

（4）综合收益总额。

主体应将合营企业和联营企业分别披露。

17. 如果主体在子公司、合营企业或联营企业中的权益（或在合营企业或联营企业中的权益的一部分）按照《国际财务报告准则第 5 号——持有待售的流动资产和非持续经营》分类为持有待售资产，则不要求主体按照应用指南第 10 段至 16 段的要求披露子公司、合营企业或联营企业的财务信息概要。

对合营企业的承诺（第 23 段（1））

18. 主体应当在报告日披露与其在合营企业中的权益相关的已作出但未确认的所有承诺（包括与共同控制合营企业的其他投资者共同作出的承诺中属于该主体的份额）。这些承诺可能导致现金或其他资源的未来流出。

19. 可能导致现金或其他资源的未来流出的未确认承诺包括：

（1）由于诸如下列情况导致提供资金或资源的未确认承诺：

①合营企业的章程或收购协议（例如，该章程或协议要求主体在特定期间提供资金资助）。

②合营企业承担的资本密集型项目。

③无条件购买义务，这些义务包括主体承诺从合营企业或代表合营企业购买设备、存货或服务。

④向合营企业提供贷款或其他财务支持的未确认承诺。

⑤向合营企业提供资源（如资产或服务）的未确认承诺。

⑥与合营企业相关的其他不可撤销的未确认承诺。

（2）由于特定情况未来发生或不发生，导致获得其他方在合营企业所有者权益（或部分所有者权益）的未确认承诺。

20. 应用指南第 18 段和第 19 段的要求和例子说明了《国际会计准则第 24 号——关联方披露》第 18 段所要求的一些披露类型。

在未纳入合并财务报表范围的结构化主体中的权益（第24段至31段）

结构化主体

21. 结构化主体是指这样的主体，设计该主体的目的是在确定主体控制方时，表决权或类似权利不构成决定性因素，例如，当表决权仅与行政管理工作相关，以及相关活动由合同安排主导时。

22. 结构化主体通常具有下列全部或部分特点：

（1）活动受限。

（2）目标界定明确且范围较窄，如具有影响税收效应的租赁，从事研发活动，向主体提供资本或资金来源，或者通过向投资者转移与结构化主体资产相关的风险和报酬向投资者提供投资机会。

（3）不充足的权益，该权益不足以允许结构化主体在没有次级财务支持的情况下对其活动进行融资。

（4）以多项合同相关联的工具向投资者进行融资，该情形导致信用或其他风险集中（分层级出售的证券）。

23. 可作为结构化主体的例子包括但不限于：

（1）证券化工具。

（2）资产支持的融资安排。

（3）一些投资基金。

24. 由表决权控制的主体不能仅仅因为，例如，其根据重组安排从第三方收到了资金资助，就作为结构化主体。

由未纳入合并财务报表范围的结构化主体中的权益产生的风险的性质（第29段至31段）

25. 除第29段至31段所要求的信息外，主体应披露满足第24段（2）披露目标要求的额外信息。

26. 根据情况不同，需要披露的额外信息可能与主体因在未纳入合并财务报表范围的结构化主体中拥有权益而产生的风险评价有关，这种情况的示例包括：

（1）可能要求主体向未纳入合并财务报表范围的结构化主体提供财务支持的安排的条款（例如，与购买结构化主体资产或提供财务支持义务相关的流动性安排或信用评级触发事件），包括：

①对可能使报告主体蒙受损失的事件或情况的描述。

②是否存在限制义务的条款。

③是否存在提供财务支持的其他方，如果有的话，报告主体的义务与其他方的义务级次如何。

（2）报告期主体发生的与其在未纳入合并财务报表范围的结构化主体中的权益相关的损失。

（3）主体在报告期从其在未纳入合并财务报表范围的结构化主体中的权益收到的收益的类型。

（4）是否要求主体在其他方之前承担未纳入合并财务报表范围的结构化主体的损失，主体承担这一损失的最高限制，以及（如果相关的话）其他各方承担潜在损失的级别和金额，这些其他各方在未纳入合并财务报表范围的结构化主体中的权益级别低于报告主体的权益。

（5）有关流动性安排、担保或与第三方的其他承诺的信息，这些可能影响主体在未纳入合并财务报表范围的结构化主体中的权益的公允价值或风险。

（6）报告期间未纳入合并财务报表范围的结构化主体在对其活动进行融资时遇到的困难。

（7）有关未纳入合并财务报表范围的结构化主体的资金，该资金的形式（即商业票据或中期票据）及其加权平均寿命。这一信息可能包括未纳入合并财务报表范围的结构化主体资产和资金的到期分析，如果结构化主体存在由短期资金资助的长期资产的话。

附录三　生效日期和过渡性规定

本附录是本国际财务报告准则的组成部分，与本国际财务报告准则其他部分具有同等效力。

生效日期和过渡性规定

1. 本国际财务报告准则适用于自2013年1月1日或以后日期开始的年度期间。允许提前采用。

1A. 2012年6月发布的《合并财务报表、合营安排和在其他主体中权益的披露：过渡性规定》(对《国际财务报告准则第10号》、《国际财务报告准则第11号》、《国际财务报告准则第12号》的修改）增加了第2A至2B段。主体应自2013年1月1日或以后日期开始的年度期间适用上述修改。主体如果提前采用《国际财务报告准则第12号》，应当同时提前采用上述修改。

2. 鼓励主体提供本国际财务报告准则所要求的有关2013年1月1日前开始的年度期间的信息。提供本国际财务报告准则所要求的一些信息并不强迫主体提前遵循本国际财务报告准则的所有要求或遵循《国际财务报告准则第10号》、《国际财务报告准则第11号》、《国际会计准则第27号》（2011年修改）和《国际会计准则第28号》(2011年修改)。

2A. 本国际财务报告准则的披露要求没有必要适用于适用《国际财务报告准则第12号》的最早年度期间前的列报期间。

2B. 本国际财务报告准则第24至31段及相应的应用指南第12至26段没有必要适用于适用《国际财务报告准则第12号》的最早年度期间前的列报期间。

参照《国际财务报告准则第9号》

3. 如果主体采用了本国际财务报告准则，但并未采用《国际财务报告准则第9号》，有关参照《国际财务报告准则第9号》之处应视为参照《国际会计准则第39号——金融工具：确认和计量》。

理事会批准 2011 年 5 月发布的《国际财务报告准则第 12 号》

国际会计准则理事会 15 位理事同意批准发布《国际财务报告准则第 12 号——在其他主体中权益的披露》。

David Tweedie 爵士　　　　　　　　主席
Stephen Cooper
Philippe Danjou
Jan Engström
Patrick Finnegan
Amaro Luiz de Oliveira Gomes
Prabhakar Kalavacherla
Elke König
Patricia McConnell
Warren J McGregor
Paul Pacter
Darrel Scott
John T Smith
Tatsumi Yamada
Wei – Guo Zhang

《国际财务报告准则第 12 号——在其他主体中权益的披露》结论基础

目 录

本结论基础与《国际财务报告准则第 12 号》一并发布，但不构成其组成部分。

引言

1. 本结论基础概述了国际会计准则理事会在制定《国际财务报告准则第 12 号——在其他主体中权益的披露》过程中的考虑。理事会理事个人对有些因素比其他因素更为重视。

2. 财务报表使用者一致要求改善报告主体对其在其他主体中权益的披露，以帮助确认报告主体由此可获得的损益和现金流量，并确定对报告主体当前和未来投资的价值。

3. 他们强调了对纳入合并财务报表范围的子公司，以及在虽未纳入合并财务报表范围但与其有特殊关系的合营安排和联营企业中权益的更优信息的需求。

4. 2007 年爆发的全球金融危机也凸显了有关风险透明度的缺失，这些风险来自报告主体涉入结构化主体，包括涉入报告主体发起的结构化主体。

5. 《国际财务报告准则第 12 号》解决了在报告主体与其他主体存在特殊关系的情况下，报告主体在其他主体中权益的披露问题。这类情况指，报告主体控制其他主体、或是报告主体共同控制或重大影响其他主体，或报告主体在未纳入合并财务报表范围的结构化主体中拥有权益。

6. 在制定《国际财务报告准则第 12 号》时，理事会考虑了该准则相关征求意见稿——即:《征求意见稿第 9 号——合营安排》和《征求意见稿第 10 号——合并财务报表》的反馈意见。《征求意见稿第 9 号》建议修改有关联营企业和合营企业的披露要求，以更好地与这两类投资的披露要求保持一致。《征求意见稿第 10 号》建议修改有关子公司的披露要求，并就未纳入合并财务报表范围的结构化主体增加新的披露要求。

7. 在考虑《征求意见稿第 9 号》和《征求意见稿第 10 号》的反馈意见时，理事会认为这是一个机会，可以将有关子公司、合营安排、联营企业和未纳入合并财务报表范围的结构化主体的披露要求进行整合并保持一致，并且可以将这些披露要求放入一个准则。理事会观察到《国际会计准则第 27 号——合并财务报表和单独财务报表》、《国际会计准则第 28 号——联营中的投资》、《国际会计准则第 31 号——合营中的权益》在披露要求方面存在很多重叠。此外，《征求意见稿第 10 号》的很多反馈意见认为，有关在未纳入合并财务报表范围的结构化主体中权益的披露要求不应当体现在合并财务报表准则中。因此，理事会得出结论，一个综合的在其他主体中权益的披露准则将更易于理解和应用子公司、合营企业、联营企业、未纳入合并财务报表范围的结构化主体的披露要求。

8. 理事会决定将《国际财务报告准则第 12 号》的范围扩展至在共同经营中的权

益。共同经营是合营安排的一种，这种安排不必通过建立一独立于合营安排各参与方的主体而予以构造。因此，在共同经营中的权益不一定代表在其他主体中的权益。理事会决定将有关共同经营的披露要求包括在《国际财务报告准则第12号》中，因为理事会认为将所有有关合营安排的披露要求放在一起，胜过将在共同经营中权益的披露要求另外包括在主体在其他主体中权益的有关准则中。

《国际财务报告准则第12号》的结构和理事会的考虑

9. 除仅适用于编制单独财务报表的披露要求包括在《国际会计准则第27号——单独财务报表》中外，《国际财务报告准则第12号》取代了《国际会计准则第27号》、《国际会计准则第28号》和《国际会计准则第31号》中的披露要求。

10. 除非另有说明，本结论基础提及的：

（1）《国际会计准则第27号》是指《国际会计准则第27号——合并财务报表和单独财务报表》。

（2）《国际会计准则第28号》是指《国际会计准则第28号——联营中的投资》。

（3）《国际会计准则第31号》是指《国际会计准则第31号——合营中的权益》。

11. 在制定《国际财务报告准则第12号》时，理事会并没有重新考虑包括在国际财务报告准则中的所有要求。第11段、第18段和第19段的要求与《国际财务报告准则第10号——合并财务报表》中的一些会计处理要求的披露有关，这些要求直接从《国际会计准则第27号》移入《国际财务报告准则第10号》，理事会没有对此重新考虑。因此，理事会没有重新考虑这些段落中的规定。另外，第22段中的披露要求与权益法的应用和对合营企业和联营企业向报告主体转移资金的限制有关，理事会没有将权益法作为合营企业项目的一部分重新考虑，因此，除了与本结论基础第6段所述的对合营企业和联营企业要求保持一致的决定外，第22段的要求直接来自《国际会计准则第28号》，理事会对此没有重新考虑。因此，当理事会同意发布《国际财务报告准则第12号》时，其中的第11段、第18段、第19段和第22段直接来自《国际会计准则第27号》和《国际会计准则第28号》，没有予以重新考虑。

12. 理事会2003年修订《国际会计准则第27号》时，为达成该准则的部分结论，一并发布了总结理事会考虑的结论基础。该结论基础因准则的修订进行了更新。为方便起见，理事会将《国际会计准则第27号》的结论基础中重要部分并入《国际财务报告准则第12号》的结论基础，其中包括理事会没有重新考虑的第18段和第19段的要求。这些重要部分包括在本结论基础第37段至41段中。该准则中相互交叉索引的段落相应进行了更新，编辑上作了必要的小调整。

13. 在合并财务报表项目中，理事会检查了投资主体对其在子公司、合营企业和联营企业中权益的会计处理方法及其额外的披露内容，理事会预计将于2011年下半年发布关于投资主体的征求意见稿。

重大判断和假设

14. 评估主体是否控制其他主体，有时需要进行判断。《国际会计准则第 1 号——财务报表的列报》第 122 段要求主体披露管理层在应用主体会计政策时所做的判断以及对财务报表中已确认金额有重大影响的判断。

15. 《国际会计准则第 27 号》和《国际会计准则第 28 号》对《国际会计准则第 1 号》的总体披露要求进行了补充，特别要求主体披露其是否控制其他主体或对其他主体具有重大影响的决定。上述准则要求，如果主体控制或重大影响的评估不同于《国际会计准则第 27 号》和《国际会计准则第 28 号》中有关控制或重要影响的假设（即超过 50% 表决权的控制，以及不低于 20% 表决权的重大影响），主体应当披露这一信息。

16. 理事会决定以一项原则取代《国际会计准则第 27 号》和《国际会计准则第 28 号》中的特定披露要求。该原则要求，主体应当披露在确定其在另一主体或安排中权益的性质时所做的所有重大判断和假设，以及在确定主体拥有权益的合营安排类型时所做的所有重大判断和假设。而且，这一披露要求不仅限于特殊情况。相反，这一披露要求适用于主体在评估其在其他主体中权益的性质时需要进行重大判断的所有情况。《国际会计准则第 27 号》和《国际会计准则第 28 号》此前有关这方面的披露要求包括在进行重大判断的示例中。

17. 《征求意见稿第 10 号》建议，对于两种对控制的评估有所不同的特殊情况，主体应以汇总形式提供有关信息，这些信息有助于财务报表使用者评价主体决定合并另一主体的会计处理结果。

18. 大多数财务报表使用者支持这一建议。但是，《征求意见稿第 10 号》的其他意见反馈者认为，披露会计处理结果的定量信息远远不够。他们担心这一披露要求将鼓励财务报表使用者进行预测，而不是使用管理层的判断。

19. 理事会承认上述担忧，但发现，在分析财务报表时考虑不同情况是通常的实务作法，并不一定意味着管理层的判断可以由其他方的判断所代替。然而，理事会注意到，《国际财务报告准则第 3 号——企业合并》要求主体披露有助于财务报表使用者评价企业合并性质和财务影响的信息，即，主体获得对其他经营控制的时间。而且，如果主体有关没有控制其他主体的评估需要重大判断，主体常得出结论，主体对该其他主体或是拥有共同控制或是拥有重大影响。理事会发现，《国际财务报告准则第 12 号》要求主体披露其在合营企业或联营企业中权益的定量信息，同时披露其在未纳入合并财务报表范围的结构化主体中权益的风险信息。因此，理事会得出结论，不必对定量信息单独提出披露要求，虽然这些信息有助于评估主体有关合并（或不合并）其他主体的决定的会计处理结果。

在子公司中的权益

20.《国际财务报告准则第12号》要求主体披露相关信息，这些信息有助于财务报表使用者：

（1）了解：

①集团的构成；

②非控制权益方在集团活动和现金流量中的权益；

（2）评价：

①主体使用集团资产、清偿集团债务的能力受到重大限制的性质和影响；

②与主体在纳入合并财务报表范围的结构化主体中的权益相关的风险的性质及其变化；

③在没有丧失控制的情况下，母公司在子公司中所有者权益发生变化的结果；

④母公司在报告期失去对子公司控制的结果。

集团的构成和非控制权益

21. 合并财务报表将集团作为单一的主体列报其财务状况、综合收益和现金流量。合并财务报表不考虑母公司及其子公司的法律边界。然而，这些法律边界可能影响母公司使用其子公司资产或其他资源，进而可能影响可分配给母公司股东的现金流量。

22. 在理事会制定《国际财务报告准则第12号》时，财务报表使用者告知理事会，作为财务报表分析的一部分，他们需要明确分别归属于母公司股东和非控制权益方的损益和现金流量。

23.《国际会计准则第1号》要求主体列报下列内容，以提供有助于进行估值的部分必要信息：

（1）在财务状况表的权益中列示非控制权益；

（2）在综合收益表中列示当期归属于非控制权益方的损益和综合收益总额；

（3）在权益变动表中列示非控制权益期初和期末之间的调整。

24. 虽然财务报表使用者认为《国际会计准则第1号》列报要求提供了重要信息，但他们要求主体列报额外信息，以有助于对归属于母公司股东的未来损益和现金流量进行更好的估计。有人建议理事会，报表分析师尤其需要非控制权益方在子公司损益、现金流量和净资产的份额，这些子公司拥有重要的非控制权益。

25. 财务报表使用者还对此有特殊的披露要求，而不仅仅是《征求意见稿第10号》所建议的披露目标。在他们看来，只有特殊的披露要求才能增强他们评估归属于母公司普通股股东的损益和现金流量的能力，并就不同主体提供可比信息。财务报表使用者尤其要求有关被合并主体的额外财务信息。

26. 理事会接受了这些反馈意见，理事会决定要求主体提供各子公司下列信息，这些子公司拥有对集团而言重要的非控制权益：

（1）子公司的名称。因为对拥有对集团而言重要的非控制权益的子公司命名，有助于财务报表使用者搜索对他们分析子公司有用的其他信息。

（2）主要经营地（如果与公司注册国不同的话，还包括公司注册国）。因为这些信息有助于使用者了解与子公司有关的政治、经济和货币风险以及子公司必须遵循的法律。

（3）非控制权益方持有的所有者权益的比例，如果该比例不同于非控制权益方持有的表决权比例的话，还包括非控制权益方持有的表决权比例，分配给非控制权益方的损益，以及报告期末累积的非控制权益。因为这些信息有助于使用者了解分别归属于母公司股东和非控制权益方的损益和现金流量。

（4）子公司财务信息概要。因为这些信息有助于使用者了解分别归属于母公司股东和非控制权益方的损益和现金流量。

27. 理事会认为所要求的披露将有助于财务报表使用者在评估未来损益和现金流量时识别下列方面，例如：

（1）子公司持有的资产和负债；

（2）特定集团主体的风险敞口（例如，识别哪些子公司持有债务）；以及

（3）产生重大现金流量的子公司。

28. 理事会在作出决定时注意到，财务报表使用者多年来一致要求披露有关被合并主体的额外财务信息。虽然财务报表使用者要求有关对集团而言重要的所有子公司的财务信息，但是，理事会决定要求仅披露那些拥有重大非控制权益的子公司的财务信息。要求披露拥有非重要非控制权益或没有非控制权益的子公司的信息，对于财务报表编制者而言任务繁重，且对报表使用者而言效益不大，这些财务报表使用者期望从拥有重要非控制权益的子公司的财务信息中获得最大利益。拥有重要非控制权益的子公司的财务信息概要，有助于财务报表使用者预测未来现金流量在包括非控制权益方在内的各利益方之间的分配方式。

29. 另外，理事会认为提供拥有重要非控制权益的子公司的信息的要求对财务报表的编制而言并非任务繁重的。这是因为主体在编制合并财务报表时应当拥有可获得的信息。

资产和负债的限制

30.《国际会计准则第27号》要求披露子公司向其母公司转移资金能力受到重大限制的性质和程度。财务报表使用者注意到，除法律要求外，子公司非控制权益的存在可能限制子公司向其母公司或其他子公司转移资金的能力。然而，《国际会计准则第27号》关于重大限制的披露要求并未明确提到非控制权益。

31. 因此，理事会决定修订《国际会计准则第27号》有关限制的披露要求，以阐明所披露的信息应包括非控制权益的保护性权利的性质和程度，这些保护性权利限制主体获得或使用子公司资产、清偿子公司负债的能力。

32. 作为对《征求意见稿第10号》披露范围要求反馈意见的回应，理事会决定将披露限定在主体使用集团资产或清偿集团负债受到重大限制的性质和影响的信息。在进行上述决定时，理事会确认上述建议从未打算要求主体在披露中列出法律或规定授予非控制权益的所有保护性权利。

33. 理事会还确认，《国际财务报告准则第12号》要求披露的限制，是指那些因集团内不同法律边界而存在的限制，例如在集团各主体之间转移现金的限制。《国际财务报告准则第12号》中的要求并不打算重复其他国际财务报告准则中关于限制的披露要求，例如《国际会计准则第16号——不动产、厂场和设备》或《国际会计准则第40号——投资性房地产》中的披露要求。

与主体在纳入合并财务报表范围的结构化主体中权益相关的风险

34. 主体可能既面临来自纳入合并财务报表范围的结构化主体的风险，也面临未纳入合并财务报表范围的结构化主体的风险。理事会得出结论，如果主体披露要求其向纳入合并财务报表范围的结构化主体提供财务支持的合同安排，包括可能使主体承担损失的事项或情况，将有助于财务报表使用者了解主体的风险。

35. 基于同样原因，理事会得出结论，主体应当披露其来自非合同义务的风险，该义务要求主体既向纳入合并财务报表范围的结构化主体，也向未纳入合并财务报表范围的结构化主体提供支持。(参见本结论基础第102段至106段)。

36. 理事会注意到，美国公认会计原则有类似的披露要求，并已被美国的财务报表使用者充分接受。

在子公司所有者权益中的变化

37. 在企业合并准则项目第二阶段讨论中，美国财务会计准则委员会决定要求拥有一个及一个以上非全资子公司的主体在合并财务报表附注中以表格形式披露：在母公司不丧失对子公司控制的情况下，母公司在子公司所有者权益份额的变化对控制权益份额的影响。

38. 在2005年发布的有关建议修订《国际会计准则第27号》的征求意见稿中，理事会并没有提出此项披露的建议。理事会注意到，国际财务报告准则要求在权益变动表或在财务报表附注中提供这些信息。这是因为《国际会计准则第1号》要求主体在权益变动表内列报权益的每一部分在期初和期末的账面价值调整，并要求单独披露每一项变化。

39. 2005年征求意见稿的许多反馈意见要求，重点披露非控制权益交易对母公司所有者权益产生影响的信息。因此，理事会决定与美国财务会计准则委员会的披露要求趋同，要求在母公司与非控制权益方之间存在权益交易的情况下，以单独表格形式披露这些交易对母公司所有者权益的影响。

40. 理事会对一些财务报表使用者仅关注与母公司所有者有关的信息表示理解。理事会期望，2008 年修订的《国际会计准则第 27 号》中的列报和披露要求将满足这些使用者的信息需求（这些列报和披露要求已经包括在《国际财务报告准则第 12 号》中）。

丧失控制

41. 理事会决定，应当披露因丧失对子公司的控制而产生的任何利得和损失金额，包括归属于在丧失控制时以前子公司留存的投资在当日因以公允价值计量而产生的利得和损失部分，以及综合收益表中确认损益的有关项目。这一披露要求自 2009 年 7 月 1 日开始生效，要求提供有关因失去对子公司的控制而对当期业绩和报告期末财务状况影响的信息。

在合营安排和联营企业中的权益

42. 理事会在《征求意见稿第 9 号》中建议，有关合营企业和联营企业的披露要求应与《国际会计准则第 28 号》的修订保持一致，并将《国际会计准则第 28 号》中一些披露要求的应用扩展至在合营企业中的投资。

43. 在考虑《征求意见稿第 9 号》的反馈意见时，理事会曾提出疑问，合营企业和联营企业的披露要求是否有可能达到高度一致，以至于特定类型权益的性质不再需要不同披露要求。虽然共同控制不同于重大影响，但理事会得出结论，合营安排和联营企业的披露要求可以共享一个披露目标，即披露有助于财务报表使用者评价主体在合营安排和联营企业中权益的性质、范围和财务影响，以及与这些权益相关的风险性质的信息。

在合营安排和联营企业中权益的性质、范围和财务影响

44. 在对财务报表使用者的反馈意见进行回应时，理事会在《征求意见稿第 9 号》中建议，主体应当以表格形式披露在重大合营企业和联营企业中的投资，并对其予以说明。《征求意见稿第 9 号》的反馈意见基本接受这一建议。理事会决定将这一建议纳入《国际财务报告准则第 12 号》中，并对其作了一些修订，修订内容见本结论基础第 45 段和第 46 段。

45. 理事会决定要求披露对报告主体而言重要的合营安排和联营企业的信息，而

不是披露重大的合营安排和联营企业的信息。《概念框架》对重要性进行了定义，而术语“重大的”却没有定义，可以有不同的解释。因此，理事会决定以“重要的”取代“重大的”，《国际财务报告准则第3号》中也是使用“重要的”。理事会注意到，在编制采用权益法核算在合营企业和联营企业投资的合并财务报表或其他主要财务报表时，应对重要性进行评估。

46. 另外，理事会注意到，《征求意见稿第9号》非故意地改变了《国际会计准则第31号》的适用要求，将适用于所有合营安排中权益的披露要求仅适用于合营企业中的权益。因此，理事会对此进行了修订，要求继续披露对主体而言重要的所有合营安排的信息。

财务信息概要

47. 《国际会计准则第28号》和《国际会计准则第31号》要求汇总披露有关合营企业和联营企业的财务信息概要。在对财务报表使用者的反馈意见进行回应时，《征求意见稿第9号》建议扩展上述披露要求，要求提供对主体而言重要的所有合营企业的财务信息概要。

48. 《征求意见稿第9号》的意见反馈者基本同意主体应当提供财务信息概要。一些意见反馈者提出，当仅为实施单个项目而建立合营企业时，以单个合营企业为基础提供财务信息概要可能会涉及泄漏机密问题。包括财务报表使用者在内的其他意见反馈者则对取消比例合并法将导致信息缺失表示担忧。因此，他们要求更详细的披露，以便更好地了解合营企业对主体活动的影响。他们认为，需要对流动资产、流动负债和非流动负债（尤其是不包括应付账款和准备的现金和金融负债）进行详细分析，这将有助于财务报表使用者了解合营企业的净债务。这些财务报表使用者还强调，在评估主体在合营企业中的投资时，也需要对综合收益表中列报的金额进行详细分析（例如折旧和摊销）。

49. 《征求意见稿第9号》建议，主体应就每一重要的合营企业根据其在合营企业中的比例权益份额列示其财务信息概要。理事会重新考虑了这一建议并注意到，当主体对合营企业或联营企业的资产没有权利，对其负债也不承担义务时，要求列示主体在合营企业资产、负债和收入中的份额将令人难以理解。更合理的应是，主体在合营企业或联营企业的净资产中拥有权益。因此，理事会得出结论，主体应就每一重要的合营企业全额列示其财务信息概要，并将其与主体在合营企业或联营企业中投资的账面金额相协调。

50. 理事会观察到，只有当披露的信息仅涉及单个合营企业或联营企业时，要求列示全部金额才是恰当的。这是因为，假定主体在合营企业或联营企业中持有不同比例的所有者权益，将所有合营企业或联营企业的信息汇总列示难以提供有用信息时，才需要全额列示财务信息。另外，一些财务报表使用者和《征求意见稿第9号》的意见反馈者建议，联营企业的披露应当与合营企业的披露保持一致，因为在联营企业中的投资可能是重要的，并对具有重大影响的投资者而言常常具有战略意义。因此，理事会决定，应提供每一重要联营企业的财务信息概要。

51. 虽然如此，关于每一重要联营企业所要求的最低项目披露应少于每一重要合营企业所要求的最低项目披露。理事会注意到，主体通常会涉入合营企业，而不是联营企业，因为共同控制意味着主体对合营企业相关活动的决定具有表决权。因此，合营者与其合营企业之间关系的性质不同于投资者与其联营企业关系的性质，这为财务信息概要中要求不同详细程度的披露提供了依据。

52. 理事会也考虑了一些财务报表使用者的观点，这些使用者建议对共同经营也应当提供财务信息概要。共同经营所产生的资产和负债是主体的资产和负债，因此，应在主体财务报表中予以确认。这些资产和负债将按照适用的国际财务报告准则的要求进行核算和信息披露。因此，理事会得出结论，不应当要求主体单独提供有关共同经营的财务信息概要。

承诺

53.《征求意见稿第9号》建议，主体应当披露与其在合营安排中的权益相关的资本承诺。《国际会计准则第31号》有类似要求。

54. 在讨论《征求意见稿第9号》的反馈意见时，理事会审查了该建议的两个方面：一是主体是否应当单独披露与所有类型的合营安排有关的承诺；二是在涉及承诺时是否需要保留定语“资本的”这一词。

55. 在回应《征求意见稿第9号》的意见反馈者时，理事会重新考虑了对所有类型的合营安排要求披露承诺的建议。意见反馈者认为，披露与共同经营有关的承诺，其价值有限，因为这类承诺将包括在主体自身的披露中。理事会接受了这一理由，决定不要求单独披露与主体在共同经营中权益相关的承诺。

56. 关于所披露的承诺的性质，理事会注意到，“资本承诺”并不是国际财务报告准则中已经定义的术语。从而，“资本的”可能被理解为仅披露将导致资产资本化的承诺。进而，理事会得出结论，披露要求的目标是提供所有未确认承诺的信息，这些未确认的承诺将导致主体在未来经营、投资或融资活动中与其在合营企业中的权益相关的现金流出，或其他类型的资源流出。因此，理事会决定从披露承诺的要求中删除“资本的”一词。

或有负债

57.《征求意见稿第9号》直接采用了《国际会计准则第31号》中有关或有负债的要求，并建议主体应当单独披露与其在合营安排中的权益相关的或有负债。《征求意见稿第9号》的意见反馈者认为，单独披露与共同经营有关的或有负债由于本结论基础第55段中的原因而价值有限。为回应这一关切，理事会重新考虑了这一建议。

58. 理事会再次接受了上述理由，因此，理事会决定不要求单独披露与主体在共同经营中的权益相关的或有负债。

在合营企业或联营企业中拥有权益的风险资本组织、共同基金、信托公司或类似主体的披露要求

59. 如果主体是风险资本组织、共同基金、信托公司或包括投资连接保险基金在内的类似主体，《国际会计准则第28号》和《国际会计准则第31号》对在合营企业或联营企业中拥有投资的主体规定了特殊的披露要求。理事会讨论了《国际财务报告准则第12号》是否应保留有关这类主体的特殊披露要求，或者这种披露要求是否应对在合营企业或联营企业中拥有权益的所有主体相同。

60. 理事会得出结论，除了使用权益法时所要求的信息披露外，有关在合营企业和联营企业中权益的披露要求应当对所有主体相同，无论这些主体是风险资本组织、共同基金、信托公司或类似主体。这一决定与理事会关于删除《国际会计准则第28号》和《国际会计准则第31号》范围排除的决定相一致。理事会决定，在合营企业和联营企业中拥有权益的主体不应当排除在相关准则之外，相反，应仅允许他们对投资使用不同的计量基础（即公允价值）。

在有公开报价的合营企业中投资的公允价值

61. 《国际会计准则第28号》要求，如果在联营企业中的投资具有可获得的公开报价，主体应披露在联营企业中的投资的公允价值。对合营企业而言，这样的公开报价也可能获得。因此，理事会决定一致采用该披露要求，要求如果在合营企业中的投资具有可获得的公开报价，主体应披露其在合营企业中的投资的公允价值。

在未纳入合并财务报表范围的结构化主体中的权益

对披露要求的需要

62. 《国际会计准则第27号》未要求披露与在未纳入合并财务报表范围的主体中权益相关的信息。财务报表使用者、监管部门以及其他方面（如二十国集团领导人和金融稳定理事会）要求理事会改进常被称为“表外”活动的披露要求。未纳入合并财务报表范围的结构化主体，尤其是证券化工具和资产支持的融资安排，被认为属于这类活动。

63. 理事会得出结论，如果主体在未纳入合并财务报表范围的结构化主体中拥有

权益，财务报表使用者将受益于主体在该权益方面的风险的信息披露。这一信息与评估主体未来现金流量的金额、时间和不确定性相关。

64. 正如《征求意见稿第 10 号》所建议，《国际财务报告准则第 12 号》要求主体披露有助于财务报表使用者评价主体在未纳入合并财务报表范围的结构化主体中的权益的性质及相关风险的信息。

65. 事实上，几乎所有《征求意见稿第 10 号》的意见反馈者都同意，需要改进主体有关“表外”活动风险的披露要求。但是，意见反馈者对于应披露信息的性质和金额持有不同观点。包括财务报表使用者在内的一些意见反馈者支持《征求意见稿第 10 号》建议的方法，要求披露在未纳入合并财务报表范围的结构化主体中的权益所产生的风险。

66. 其他意见反馈者指出，主体在各类其他主体中的权益均可能产生相同的风险。因此，他们质疑，为什么应当要求主体提供有关其在未纳入合并财务报表范围的结构化主体中权益的风险信息，而不要求提供其在其他未纳入合并财务报表范围主体中权益的风险信息。

67. 一些意见反馈者担心，《征求意见稿第 10 号》中的建议将会与《国际财务报告准则第 7 号——金融工具：披露》中的风险披露要求相重复。《国际财务报告准则第 7 号》要求主体披露其持有的金融工具产生的风险的定性和定量信息。这些意见反馈者认为，《征求意见稿第 10 号》所建议的有关金融工具的披露要求已经体现在已应用的《国际财务报告准则第 7 号》中。

68. 另外，一些意见反馈者不同意《征求意见稿第 10 号》的建议，他们怀疑理事会已经将所建议的披露包括在“安全网”内，因为他们怀疑一些结构化主体可能不满足《征求意见稿第 10 号》的合并标准，即使在他们看来合并是恰当的。

69. 在研究《征求意见稿第 10 号》的反馈意见时，理事会同意一些意见反馈者的观点。这些意见反馈者强调，披露有关未纳入合并财务报表范围的结构化主体的信息不能取代完善的合并要求。所建议的披露从未试图弥补控制定义中的缺陷。《国际财务报告准则第 10 号》记录了理事会有关制定恰当和完善的合并标准的决议。相反，所建议的披露旨在用于补充合并标准，关注主体在结构化主体中的权益产生的风险，这些结构化主体因不受主体控制而难以合并在主体财务报表内。

70. 理事会承认，《征求意见稿第 10 号》建议披露的同类风险可能来自主体在其他类型主体中的权益，制定适用于主体在各类未纳入合并财务报表范围的主体中权益的风险披露要求可能是恰当的。然而，理事会提出，理事会在征求意见稿中建议的披露要求，其目的是对 2007 年爆发的全球金融危机中识别出的特定信息需求提供及时的反应。尤其是，财务报表使用者和监管部门就缺乏关于主体通过结构化主体进行投资与证券化活动的披露要求提出关切。他们要求理事会对主体在未纳入合并财务报表范围的结构化主体中的权益引入特定风险披露，因为这些特定权益过去曾使主体暴露在重大风险中。《征求意见稿第 10 号》中所建议的披露要求旨在满足他们的要求。如果超出结构化主体范围，将延迟解决所提出的关切，而这样的做法对财务报表使用者是无益的。

71. 理事会也注意到，解决主体在未纳入合并财务报表范围的结构化主体中权益的披露，将有助于国际财务报告准则和美国公认会计原则在这方面的披露要求保持一致。

72. 关于《国际财务报告准则第 7 号》，理事会同意意见反馈者的意见，两准则的要求通常会导致相同风险的披露。所不同的是披露要求中描述主体风险的方式。《国际财务报告准则第 7 号》要求披露与金融工具相关的信用风险、流动性风险、市场风险及其他风险的定性和定量信息。《国际财务报告准则第 12 号》采用了不同的视角，要求主体披露其在结构化主体中的权益产生的风险。

73. 理事会认为，两方面的信息均有助于财务报表使用者分析主体的风险，《国际财务报告准则第 7 号》是通过识别金融工具产生的风险予以披露，《国际财务报告准则第 12 号》则是通过提供下列相关信息予以披露：

（1）主体与结构化主体交易的范围；

（2）因与主体进行交易的其他主体的性质而产生的风险集中度；以及

（3）使主体面临风险的特定交易。

74. 因此，理事会得出结论，虽然《国际财务报告准则第 7 号》和《国际财务报告准则第 12 号》中有关未纳入合并财务报表范围的结构化主体的披露要求在某种程度上可能重叠，但它们仍是相互补充的。

75. 理事会也被美国财务报表使用者的信息所说服，这些使用者在其分析中一直使用美国公认会计原则中规定的有关可变权益主体的披露要求。他们认为，新的披露要求提供了他们此前不能获得的信息，但这些信息对全面了解主体的风险很重要。

76. 许多财务报表使用者还提及金融危机，并强调更好地理解主体在未纳入合并财务报表范围的结构化主体中的权益可能有助于尽早识别主体面临风险的程度。因此，这些使用者认为，新的披露要求大大提高了财务报告质量，他们强烈鼓励理事会对国际财务报告准则的编制者提出类似要求。

77. 理事会考虑，如果合营企业或联营企业满足结构化主体的定义，是否应当要求主体同时披露有关其在未纳入合并财务报表范围的结构化主体中权益的信息，以及在合营企业和联营企业中权益的信息。理事会得出结论，如果主体在满足结构化主体定义的合营企业或联营企业中拥有权益，主体应当提供满足两类披露要求的信息。在得出这一结论时，理事会注意到，主体应当通过披露其在合营企业或联营企业的权益，来符合在未纳入合并财务报表范围的结构化主体中的权益的大部分或在某些情况下所有的披露要求。因此，理事会认为，这一结论不会显著增加主体提供的信息量。

风险披露的范围

在未纳入合并财务报表范围的结构化主体中的权益

78. 关于风险披露范围，理事会在回应《征求意见稿第 10 号》的意见反馈者时，考虑了是否应当将“权益”定义为较窄的范围，例如，要求主体仅披露导致风险损失超过财务报表中确认金额的权益信息。然而，理事会得出结论，任何试图收窄“权益”定义的做法将使指南复杂化，并且很可能将对财务报表使用者有用的信息排除在外。

79. 理事会还考虑了是否要求主体披露在结构化主体中的重大权益，因为《征求意见稿第 10 号》的一些意见反馈者建议明确主体可不披露在结构化主体中的非重大权益信息。理事会基于以下原因反对增加“重大的”一词。首先，理事会注意到，重要性概念支持着《国际财务报告准则第 12 号》的披露要求，这与其他国际财务报告准则是相同的，应当要求主体仅披露根据《概念框架》定义和描述的重要性信息。理事会还注意到，术语“重大的”在国际财务报告准则中并未定义。其他项目收到的评论意见表明，术语“重大的”可以有不同的解释。理事会得出结论，如果不定义这一术语，增加“重大的”一词对使用《国际财务报告准则第 12 号》编制或审计财务报表没有任何益处。

80. 理事会决定保留“权益”的较宽定义（即无论是否存在合同，主体涉入其他主体，并从其他主体的业绩中获得可变回报）。理事会接受了美国财务报表编制者、审计师和使用者根据美国公认会计原则披露涉入可变权益主体的情况提出的意见。美国公认会计原则并没有定义“涉入”一词，但用类似《国际财务报告准则第 12 号》中定义“权益”的方式对此进行了解释。美国财务报表编制者和使用者通常同意披露要求的范围，因为美国财务报表使用者认为修订后的披露要求对披露的详细程度恰如其分。美国财务报表编制者和会计师认为，披露要求允许主体关注与财务报表使用者相关的列报信息。美国财务报表编制者和会计师也注意到，主体应当根据有关事实和情况，以及满足披露要求的详细程度，确定其汇总指南和要求，以便向财务报表编制者提供足够的灵活性。

81. 因此，理事会决定，在《国际财务报告准则第 12 号》中包括满足披露目标所必须的详细程度的要求，并且包括有助于财务报表编制者确定恰当的详细程度的各类原则和指南。

结构化主体的定义

82. 《国际财务报告准则第 12 号》引入术语“结构化主体”。理事会设想具有结构化主体特征的这类主体不可能与《解释公告第 12 号——合并：特殊目的主体》中描述的特殊目的主体有重大的区别。根据《解释公告第 12 号》，特殊目的主体是为完成一项较窄的且有明确定义的目标而创立的主体，例如进行租赁、从事研究和开发活动、或完成金融资产证券化。

83. 理事会考虑了是否以类似美国公认会计原则中有关可变权益主体的定义方式对结构化主体进行定义。在本质上，美国公认会计原则将可变权益主体定义为其活动不以表决权或类似权利为主导的主体。另外，如果没有额外的次级财务支持，可变权益主体处于风险中的权益总额不足以允许主体为其活动进行融资。美国公认会计原则包括广泛的应用指南，以协助确定权益的充足性，包括通常用来确定主体权益是否充足的 10% 的权益门槛。理事会反对这一方法，因为该方法仅为披露目的引入了复杂的指南，这在此前的国际财务报告准则没有出现过。

84. 因此，理事会决定，将结构化主体定义为，设计该主体的目的是在确定主体控制方时，表决权或类似权利不构成决定性因素。理事会也决定将类似《解释公告第 12 号》的要求包括在指南中，以反映理事会有关术语“结构化主体”包括类似《解释公告第 12 号》中特殊目的主体的一系列主体的意图。理事会同时决定将美国公认会计原则中有关可变权益主体的一些属性包括在内。尤其是，结构化主体是这样的主体：在没有其他次级财务支持的情况下，结构化主体的权益通常不足以允许主体就其活动进行融资。理事会对这些决定给出的解释是：由于主体涉入结构化主体而使主体比涉入传统的经营主体承担更多风险，因此，财务报表使用者要求与结构化主体相关的风险披露。例如，增加的风险来自于因主体拥有受限的活动而将特定资产产生的风险和报酬转移给投资者，或者没有足够的权益为资产产生的损失提供资金支持。

85. 这一定义并不是说，如果主体风险权益不足，主体常常会被认定为结构化主体。有两个理由说明此问题。一是这一定义要求扩展应用指南以帮助确定权益的充足性，这与美国公认会计原则相类似，理事会在本结论基础第 83 段提及了反对的理由。二是理事会担心一些传统的经营主体在不打算成为结构化主体时也可能符合这一定义。例如，当传统的经营主体由于经营活动减少而对融资进行重组时，可能被认定为结构化主体，这不是理事会的本意。

权益的性质

86.《国际财务报告准则第 12 号》要求主体披露有助于财务报表使用者了解与其在结构化主体中的权益相关的风险的性质和变化情况的信息（见本结论基础第 92 段至 114 段）。因此，当主体发起未纳入合并财务报表范围的结构化主体，并且保留了在该结构化主体中的权益时（例如持有结构化主体债务工具或权益工具），主体应当披露有关风险的信息。

87. 但是，如果主体没有通过明确或隐含的方式在结构化主体中保留权益，这一决定并不要求主体提供相应的披露。理事会从利益相关方收到很多反馈意见，这些意见认为，发起结构化主体可能给主体带来风险，即使这些主体并没有在结构化主体中保留任何权益。如果结构化主体遇到困难，发起方很可能在其建议或行动中受到冲击，或者有可能选择采取措施保护其声誉。

88.《国际财务报告准则第12号》还要求披露在没有合同义务的情况下，结构化主体提供财务支持和其他支持的信息并且披露当前有关在未来提供财务支持或其他援助的意图（参见本结论基础第102段至106段）。虽然有帮助，但是该披露对主体发起活动所产生的风险提供了不完整的描述，因为：

（1）该披露要求仅适用于主体向结构化主体提供了财务支持，或有意图向结构化主体提供财务支持的情况。

（2）主体发起活动所产生的风险大于向结构化主体提供隐含的支持所产生的风险。例如，不打算提供隐含支持的主体可能面临主体因赞助倒闭的结构化主体而产生的诉讼风险。

（3）目前不存在告知财务报表使用者主体发行活动所产生的风险的其他披露要求。例如，《国际财务报表准则第7号》中的披露要求并不涉及此类信息，因为通常不存在与发起活动相关的引致主体对其进行披露的金融工具。仅当主体向其发起的结构化主体转移了自身金融资产时，才适用与转移金融资产相关的披露要求。另外，未纳入合并财务报表范围的结构化主体不可能满足《国际会计准则第24号——关联方披露》中关联方的定义。

89. 财务报表使用者认为，了解主体源自与未纳入合并财务报表范围的结构化主体之间交易的经营规模方面的信息是有用的，即可以获得更多关于主体经营模式以及与经营模式相关的风险的信息。这尤其有助于财务报表使用者了解：为投资或融资的目的大大减少使用结构化主体对主体业绩的可能影响，这些影响可能来自收益的减少或对主体正常经营活动能力的限制。他们注意到，在2007年爆发的全球金融危机中，投资者更关切主体涉入结构化投资工具的程度。然而，基本没有主体披露有关它们涉入设立这些投资工具的信息。因此，投资者很难评价主体潜在的风险。这些使用者还确信，他们对这类信息的要求早于全球金融危机，而不仅仅是对金融危机作出的反应。

90. 在对财务报表使用者和其他利益相关方的要求作出回应时，理事会决定要求主体披露有关来自其发起的结构化主体的收益以及结构化主体资产的信息。理事会注意到，这些要求并不打算帮助评估设立结构化主体失败或向主体追索的实际风险。而是表明了主体所管理的这类交易的规模，以及主体为方便经营而依赖这类主体的程度。基于这一原因，理事会得出结论，所披露的资产信息应当不仅包括发起方转移的资产，而且包括在报告期转移给结构化主体的所有资产。所提供的信息有助于财务报表使用者确定何时要求更多信息。

91. 由于主体因保留了在未纳入合并财务报表范围的结构化主体中的权益而被要求披露有关所面临风险的信息，理事会决定，仅当主体没有披露其在未纳入合并财务报表范围的结构化主体中权益所产生的风险的性质时，主体作为发起方应当披露有关收益和资产信息。

风险的性质

92.《征求意见稿第10号》建议，主体应当披露有助于财务报表使用者评价主体来自未纳入合并财务报表范围的结构化主体中权益的风险性质和程度方面的信息。为支持这一目标，该征求意见稿建议，主体应当披露与其在未纳入合并财务报表范围的结构化主体中权益相关的资产和负债的账面金额、主体面临的最大损失以及结构化主体资产的已报告金额。《征求意见稿第10号》也列示了有助于评估主体所面临风险的其他信息（例如有关结构化主体资产和资金支持方面的信息）。

93. 财务报表使用者基本支持所建议的披露要求。然而，《征求意见稿第10号》的其他意见反馈者虽然同意所要求的风险披露，但认为所建议的披露要求太具描述性。在他们看来，应当允许主体根据内部风险报告系统产生的信息披露其风险，而不是根据《征求意见稿第10号》所建议的信息披露其风险。

94. 虽然理事会同意有关通常应当允许主体为满足财务报表使用者的特定信息需要而调整其披露的反馈意见，但理事会仍然决定，披露要求应当包括适用于所有主体的一套最低标准。一些财务报表使用者指出，如果没有特定披露要求，可比性将会被削弱，主体可能不披露对财务报表使用者重要的信息，理事会接受了这一观点。

95. 财务报表使用者认为，主体在未纳入合并财务报表范围的结构化主体中权益所面临损失的信息、主体和结构化主体财务状况的补充信息，与他们对财务报表的分析相关。

结构化主体的资产

96. 一些意见反馈者认为，披露结构化主体所持有的资产，而不提供这些资产的资金支持信息，所提供的信息是有限的，并且难以解释。理事会接受了这一观点。因此，理事会决定要求主体披露有关结构化主体性质、目的、规模和活动，以及结构化主体融资方式的信息。理事会得出结论，应向财务报表使用者提供有关结构化主体所持资产及这些资产的资金支持的充分信息，而不需要在所有情况下专门披露主体拥有权益的未纳入合并财务报表范围的结构化主体资产方面的信息。如果与评估结构化主体的风险相关，应要求主体提供结构化主体资产及其资金支持方面的额外信息。

损失敞口

97. 理事会承认，主体预期损失的信息有时可能比其最大损失敞口的信息更相关，并且这两个金额的披露均要求运用判断。然而，如果《国际财务报告准则第12号》仅要求披露预期损失，理事会担心，主体经常会确定其在未纳入合并财务报表范围的结构化主体中的权益获得正期望回报，从而主体将不披露任何损失敞口。因此，理事会保留了有关主体应披露由其在未纳入合并财务报表范围的结构化主体中的权益而产生的最大损失敞口的要求。

98. 理事会决定不提供关于什么代表损失的定义，而是由主体确定在报告主体的特定内容中哪些构成损失。主体应披露它是如何确定其最大损失敞口的。

99. 理事会承认，不可能总能计算出最大损失敞口，例如当金融工具使主体在理论上承担了无限损失时。理事会决定，如果是这种情况，主体应当披露不可能计算出最大损失敞口的原因。

100. 最近，理事会决定要求主体在其财务状况表中披露资产和负债账面金额与其最大损失敞口的比较。因为这一信息有助于报表使用者更好地理解最大损失敞口与主体是否可能承担全部或部分最大损失的期望之间的差距。过去，最大损失敞口信息（如果提供）常有相应的说明，这些信息没有以任何方式表明将要发生的损失。理事会解释称，假定发生这种情况，这一披露应当有助于主体说明最大损失敞口不能代表其实际敞口的原因。

101. 理事会也注意到所要求的有关主体损失敞口的披露反映了美国公认会计原则的相应要求，美国公认会计原则的这一要求已被美国财务报表使用者充分接受。

无义务提供财务支持的主体提供财务支持

102. 《征求意见稿第 10 号》建议，主体应披露在无合同义务的情况下，其向未纳入合并财务报表范围的结构化主体提供的支持。

103. 《征求意见稿第 10 号》的大多数意见反馈者同意上述建议，并认为，在考虑主体与结构化主体的关系时，主体以前的行为可能是一重要因素。然而，一些意见反馈者就要求披露向结构化主体提供支持的当前意图提出质疑，并质疑如何解释“支持”一词。

104. 理事会同意这些意见反馈者的意见，这些意见认为，期望主体对其在未来可能进行的决策予以提前披露是不合理的。然而，理事会得出结论，《国际财务报告准则第 12 号》应保留有关提供非合同财务支持或其他支持的当前意图的披露要求，因为如果主体决定将来提供支持（即主体当前有意图这样做），就应当予以披露。

105. 理事会决定不定义“支持”，因为支持的定义或者太宽泛以致于成为一个无效的定义，或者将引起主体调整结构以规避这一披露。理事会认为，财务支持可以广泛地理解为直接或间接地向其他主体提供资源。在隐性安排的情况下，提供支持不会产生合同义务。然而，理事会决定在《国际财务报告准则第 12 号》中包含一些财务支持的例子。为说明意见反馈者有关区分提供财务支持和其他商业交易的关切，理事会明确，主体应当披露向以前或现在拥有权益的未纳入合并财务报表范围的结构化主体提供的非合同支持。

106. 理事会还决定，将提供支持的披露要求扩展至既包括纳入合并财务报表范围的结构化主体，也包括未纳入合并财务报表范围的结构化主体。美国公认会计原则包括这一要求，而且财务报表使用者确信，他们认为这一信息披露是有用的。

因以前涉入未纳入合并财务报表范围的结构化主体而产生的风险

107. 在2007年爆发的全球金融危机中，一些主体的行动表明，主体因涉入结构化主体而面临风险，即使在报告日主体可能并不控制该结构化主体或没有在合同中明确涉入该结构化主体。例如，结构化主体的倒闭可能破坏主体的声誉，这就迫使主体为保护其声誉而向结构化主体提供支持，即使没有法律或合同要求主体这样做。

108. 理事会考虑了在这样的情况下改进披露要求的最佳处理方式。理事会所面临的困难是确定哪些披露可能会有助于在金融危机发生之前评估主体面临的声誉风险。

109. 理事会考虑了要求主体提供关于向其发起的未纳入合并财务报表范围的结构化主体转移资产的5年历史信息。但是，理事会得出结论，超出本国际财务报告准则第27段所要求的历史信息，未必能对发起人当前所面临的风险提供任何有用的信息。关于主体发起的未纳入合并财务报表范围的结构化主体总资产在报告日的信息可能有用。但是，即使不是不可能，主体提供这类信息也是困难的，因为在报告日主体并不控制该结构化主体，或在结构化主体中没有拥有权益。理事会还考虑了当特定触发事件发生时（例如，当结构化主体持有问题资产时），是否要求主体提供额外信息。但是，理事会再次拒绝了这一方法。仅当特定触发事件发生时才要求披露额外信息，可能导致披露的信息太迟而无用。

110. 理事会决定，这方面的目标是，主体应提供与其在结构化主体中的权益相关的风险敞口，无论这一风险是来自其在该主体中的现有权益还是来自其在以前期间对该主体的涉入。因此，理事会决定将“在主体中的权益”定义为使主体面临可变回报的合同或非合同涉入。此外，理事会决定明确说明，有关主体面临的风险的披露应包括因以前涉入结构化主体所产生的风险，即使主体在报告期末不再根据合同要求涉入结构化主体。

可能与风险评估相关的其他信息

111. 如果理事会在《征求意见稿第10号》中包括许多与风险评估可能相关的其他信息，理事会就不打算将上述每一项建议的补充披露信息适用于所有情况，即，没有一项是强制的。相反，理事会认为，所有建议的披露都有提供重要信息的潜在可能。根据特定事实和情况，一些建议的披露可能非常相关，而另一些披露可能不相关。因此，主体有望提供这些信息中的部分信息，而不是全部。

112. 理事会所面临的困难是，财务报表编制者和使用者通常对包括在披露要求中的描述详细程度有不同的观点。一般而言，财务报表编制者建议有更清晰的披露原则，但只需有限的描述性披露要求。他们认为，每一报告主体应当能够基于主体面临的特定事实和情况，决定哪些信息满足披露原则。另一方面，财务报表使用者倾向描述性的披露要求以便编制者提供的信息具有可比性。

113. 对主体而言，理事会关于风险敞口披露的意图是披露有助于评估敞口的重要信息，而不是以不相关不必要的细节信息将其掩盖。如果主体由于与特定未纳入合并财务报表范围的结构化主体的交易而存在大量风险敞口，则理事会预期主体会扩大这些敞口的披露。相反，如果主体存在非常有限的风险敞口，则主体不需要进行披露。

114. 理事会决定保留这些披露示例，在主体存在大量来自其在未纳入合并财务报表范围的结构化主体中的权益产生的风险敞口时，这些示例有可能与强调披露的详细程度有关。但是，理事会决定明确，这些额外信息，根据不同情况，可能是一些相关的信息示例，而不是无论任何情况都应当适用的一些要求。

生效日期和过渡性规定

115. 理事会决定将本准则的生效日期与《国际财务报告准则第 10 号》、《国际财务报告准则第 11 号——合营安排》、《国际会计准则第 27 号——单独财务报表》以及《国际会计准则第 28 号——联营企业和合营企业中的投资》的生效日期保持一致。在作出这一决定时，理事会注意到，这 5 项国际财务报告准则均是关于报告主体与其他主体具有特殊关系（即当报告主体控制、共同控制另一主体或对另一主体有重大影响时）的评估、相关的会计处理及披露要求的。因此，理事会得出结论，如果不与其他 4 项准则一起应用，《国际财务报告准则第 12 号》的应用可能会引起无理由的困惑。

116. 理事会通常在发布一项国际财务报告准则后的 12 个月至 18 个月之间确定生效日期。在确定这些国际财务报告准则的生效日期时，理事会考虑了下列因素：

（1）许多国家要求的翻译时间和将强制性要求纳入法律的时间。

（2）合并财务报表项目与 2007 年爆发的全球金融危机有关，为响应二十国集团领导人、金融稳定理事会、财务报表使用者、监管部门和其他利益相关方关于改进主体资产负债表表外业务的会计处理和披露的迫切要求，理事会加快了该项目。

（3）来自《生效日期和过渡性规定》意见征询的意见反馈者的意见。《生效日期和过渡性规定》是 2010 年 10 月发布的，是关于 2011 年将要发布的国际财务报告准则的实施成本、生效日期和过渡性规定的文件。大多数意见反馈者不认为合并财务报表和合营安排国际财务报告准则是在实施过程中所要求的时间和资源方面具有较高影响的准则。另外，只有个别意见反馈者认为，这些国际财务报告准则的生效日期应当与 2011 年将要发布的其他国际财务报告准则的生效日期保持一致。

117. 考虑到上述因素，理事会决定要求主体自 2013 年 1 月 1 日或以后日期开始的年度期间采用这 5 项准则。

118. 意见征询的大多数意见反馈者支持提前采用 2011 年将要发布的国际财务报告准则。这些意见反馈者强调，提前采用对 2011 年和 2012 年首次采用者而言尤其重要。理事会接受了这一观点，理事会决定允许提前采用这 5 项国际财务报告准则

（即《国际财务报告准则第10号》、《国际财务报告准则第11号》、《国际财务报告准则第12号》、《国际会计准则第27号（2011年修改）》和《国际会计准则第28号（2011年修改）》），但是，只是在主体同时采用这些准则时才允许提前采用。

119. 尽管作出了这一决定，理事会注意到，不应当阻止主体较早提供《国际财务报告准则第12号》所要求的任何信息，如果这样做，能够使财务报表使用者对主体与其他主体的关系获得更好的理解的话。在作出这一决定时，理事会观察到，如果主体选择提前采用《国际财务报告准则第12号》中的一部分而不是全部要求，应要求主体继续采用《国际会计准则第27号》、《国际会计准则第28号》和《国际会计准则第31号》的披露要求，直到主体采用《国际财务报告准则第12号》的所有要求为止。

119A. 2012年6月，理事会修改了《国际财务报告准则第10号——合并财务报表》附录三的过渡性规定。在进行此项修改时，理事会决定，有关要求仅适用于首次采用《国际财务报告准则第10号》日前一年度期间调整后可比金额的列示。这一规定与《国际财务报告准则年度改进2009－2011》（2012年5月发布）对《国际会计准则第1号——财务报表列报》中有关至少可比金额披露的修改相一致。上述修改再次确认，当主体追溯适用会计政策变更时，主体至少应列示三期财务状况表（即，采用公历年度作为年度期间的主体2012年1月1日、2012年12月31日和2013年12月31日的财务状况表，假定该主体没有提前采用本国际财务报告准则的话）和两期的其他报表（参见《国际会计准则第1号第40A至40B段》）。理事会还决定对《国际财务报告准则第11号——合营安排》附录三的过渡性规定及本国际财务报告准则附录三的过渡性规定按照本决定进行类似修改。

119B.《国际财务报告准则第12号》引入与未纳入合并财务报表范围的结构化主体相关的新的披露要求。来自利益相关方的反馈意见向理事会表明，根据该要求对会计和报告系统进行的变动比最初设想的要复杂的多，尤其是有关《国际财务报告准则第12号》生效日之前可比期间的信息。因此，理事会决定提供额外的过渡性规定免除：删除首次适用《国际财务报告准则第12号》之前期间可比信息的列报。

对《征求意见稿第9号》和《征求意见稿第10号》的主要变化概述

120. 与《征求意见稿第9号》和《征求意见稿第10号》相比，主要变化如下：

（1）包括的有关子公司、合营安排、联营企业和未纳入合并财务报表范围的结构化主体的披露要求包括在《国际财务报告准则第12号》中，这些要求与主体在这些主体中权益相关的会计处理要求相分离。《征求意见稿第9号》和《征求意见稿第10号》建议，披露要求应与《国际会计准则第28号》、《国际财务报告准则第10号》和《国际财务报告准则第11号》中的会计处理要求放在一起（参见本结论基础第 7 段和第 8 段）。

（2）《国际财务报告准则第 12 号》包括按照本准则要求所披露的信息汇总的应用指南。

（3）《国际财务报告准则第 12 号》要求，在确定主体是否与其他主体存在特殊关系（即控制、共同控制或重大影响）时，应披露重大判断和假设。《征求意见稿第 10 号》建议披露主体在特定情况下对其是否控制另一主体进行评估的基础（本结论基础第 14 段至 19 段）。

（4）《国际财务报告准则第 12 号》要求披露拥有对该主体重要的非控制权益的子公司的财务信息概要。《征求意见稿第 9 号》建议披露重要子公司清单（本结论基础第 21 段至 29 段）。

（5）《国际财务报告准则第 12 号》要求披露与主体在纳入合并财务报表范围的结构化主体中的权益的性质及相关风险（本结论基础第 34 段至 36 段）。

（6）《国际财务报告准则第 12 号》要求披露每一重要的合营企业和联营企业财务信息的概要，并且对合营企业所要求的信息比联营企业更详细。《征求意见稿第 9 号》建议对每一重要合营企业披露不太详细的财务信息概要，并对联营企业以汇总方式披露其财务信息概要（本结论基础第 47 段至 52 段）。

（7）《国际财务报告准则第 12 号》要求作为风险资本组织、共同基金、信托公司或类似主体的主体提供与在合营企业或联营企业中的权益相关的所有披露。《征求意见稿第 9 号》建议，要求这些主体仅提供与在合营企业和联营企业相关的一部分披露（本结论基础第 59 段至 60 段）。

（8）《国际财务报告准则第 12 号》并不要求披露主体拥有权益的结构化主体所持资产的报告金额。《征求意见稿第 10 号》建议披露这一信息（本结论基础第 96 段）。

与美国公认会计原则的趋同

121. 纳入合并财务报表范围的结构化主体和未纳入合并财务报表范围的结构化主体的大多数披露要求类似于美国财务会计准则委员会《会计准则汇编第 810 – 10 部分》中有关可变权益的披露要求。遵循金融稳定理事会提出的与其他会计准则制定机构共同工作以取得这一领域的国际趋同的建议，理事会与美国财务会计准则委员会一起制定了很多这种披露要求。但是，《国际财务报告准则第 12 号》比《汇编第 810 – 10 部分》中的披露要求走得更远，因为本准则要求主体披露下列信息：

（1）非控制权益方在纳入合并财务报表范围的结构化主体活动中拥有的权益；以及

（2）由于发起未纳入合并财务报表范围的结构化主体而产生的风险，主体没有提供该未纳入合并财务报表范围的结构化主体的其他风险披露。

122. 关于子公司、合营安排、联营企业的披露要求，《国际财务报告准则第 12 号》也比美国公认会计原则更详细（例如拥有重要的非控制权益的子公司、重要的合营企业和联营企业的财务信息概要）。

成本效益的考虑

123. 财务报表的目标是提供有关主体财务状况、经营业绩和财务状况变动的信息，这些信息有助于广大使用者进行经济决策。为实现这一目标，理事会力求确保，国际财务报告准则满足重大需求，产生信息的整体利益能够证明高于提供信息的成本。虽然实施一项新的国际财务报告准则的成本不可能被平均负担，但是，财务报表使用者也将从财务报告改进中获益，因而在经济上有助于实现资本市场、信贷市场的功能，并有效分配资源。

124. 成本效益评价必然是主观的。在进行判断时，理事会考虑了下列因素：

（1）财务报表编制者发生的成本；

（2）财务报表使用者在不能获得信息时发生的成本；

（3）与使用者提供替代信息发生的成本相比，编制者在提供信息时的比较优势；

（4）由于财务报告改进而产生的更好的经济决策收益；以及

（5）使用者、编制者和其他利益相关方的转换成本。

125. 理事会观察到，《国际财务报告准则第 12 号》将通过要求披露非控制权益方在集团活动中的权益，提高财务报表使用者理解合并财务报表的能力。《国际财务报告准则第 12 号》也提高了财务报表使用者对报告主体与未纳入合并财务报表范围的主体之间具有的特殊关系（即与合营安排、联营企业和未纳入合并财务报表范围的结构化主体的关系）的理解。

126. 尤其是，在此之前不要求主体提供有关其在结构化主体中权益产生的风险敞口的特定信息。《国际财务报告准则第 12 号》中与在未纳入合并财务报表范围的结构化主体中的权益有关的要求，反映了 2007 年爆发全球金融危机后二十国集团领导人的结论和诸如金融稳定理事会等国际机构的建议。二十国集团领导人和金融稳定理事会建议，理事会应当加快有关加强资产负债表表外工具（如结构化投资工具）披露要求的工作，尤其要确保要求主体披露与其涉入这种工具相关的风险敞口和潜在损失。

127. 在制定《国际财务报告准则第 12 号》过程中，理事会咨询了财务报表使用者，这些使用者确信，对下列方面披露更多的信息是有益的：

（1）主体在结构化主体中的权益的风险敞口；

（2）集团内的非控制权益；以及

（3）合营安排和联营企业。

128. 采用和继续应用《国际财务报告准则第 12 号》，存在相应的成本。这些成本取决于报告主体与其他主体关系的性质和复杂程度。但是，考虑到本结论基础第 125 段至 127 段中提到的对财务报表使用者的效益，理事会认为，《国际财务报告准则第 12 号》的效益超过了其成本。

International Financial Reporting Standard 12
Disclosure of Interests in Other Entities

CONTENTS

International Financial Reporting Standard 12 Disclosure of Interests in Other Entities (IFRS 12) is set out in paragraphs 1-31 and Appendices A-D. All the paragraphs have equal authority. Paragraphs in **bold type** state the main principles. Terms defined in Appendix A are in italics the first time they appear in the IFRS. Definitions of other terms are given in the Glossary for International Financial Reporting Standards. IFRS 12 should be read in the context of its objective and the Basis for Conclusions, the Preface to International Financial Reporting Standards and the Conceptual Framework for Financial Reporting. IAS 8 Accounting Policies, Changes in Accounting Estimates and Errors provides a basis for selecting and applying accounting policies in the absence of explicit guidance.

Introduction

IN1 IFRS 12 Disclosure of Interests in Other Entities applies to entities that have an interest in a subsidiary, a joint arrangement, an associate or an unconsolidated structured entity.

IN2 The IFRS is effective for annual periods beginning on or after 1 January 2013. Earlier application is permitted.

Reasons for issuing the IFRS

IN3 Users of financial statements have consistently requested improvements to the disclosure of a reporting entity's interests in other entities to help identify the profit or loss and cash flows available to the reporting entity and determine the value of a current or future investment in the reporting entity.

IN4 They highlighted the need for better information about the subsidiaries that are consolidated, as well as an entity's interests in joint arrangements and associates that are not consolidated but with which the entity has a special relationship.

IN5 The global financial crisis that started in 2007 also highlighted a lack of transparency about the risks to which a reporting entity was exposed from its involvement with structured entities, including those that it had sponsored.

IN6 In response to input received from users and others, including the G20 leaders and the Financial Stability Board, the Board decided to address in IFRS 12 the need for improved disclosure of a reporting entity's interests in other entities when the reporting entity has a special relationship with those other entities.

IN7 The Board identified an opportunity to integrate and make consistent the disclosure requirements for subsidiaries, joint arrangements, associates and unconsolidated structured entities and present those requirements in a single IFRS. The Board observed that the disclosure requirements of IAS 27 Consolidated and Separate Financial Statements, IAS 28 Investments in Associates and IAS 31 Interests in Joint Ventures overlapped in many areas. In addition, many commented that the disclosure requirements for interests in unconsolidated structured entities should not be located in a consolidation standard. Therefore, the Board concluded that a combined disclosure standard for interests in other entities would make it easier to understand and apply the disclosure requirements for subsidiaries, joint ventures, associates and unconsolidated structured entities.

Main features of the IFRS

IN8 The IFRS requires an entity to disclose information that enables users of financial statements to evaluate:

(a) the nature of, and risks associated with, its interests in other entities; and

(b) the effects of those interests on its financial position, financial performance and cash flows.

General requirements

IN9 The IFRS establishes disclosure objectives according to which an entity discloses information that enables users of its financial statements

(a) to understand:

(i) the significant judgements and assumptions (and changes to those judgements and assumptions) made in determining the nature of its interest in another entity or arrangement (ie control, joint control or significant influence), and in determining the type of joint arrangement in which it has an interest; and

(ii) the interest that non-controlling interests have in the group's activities and cash flows; and

(b) to evaluate:

(i) the nature and extent of significant restrictions on its ability to access or use assets, and settle liabilities, of the group;

(ii) the nature of, and changes in, the risks associated with its interests in consolidated structured entities;

(iii) the nature and extent of its interests in unconsolidated structured entities, and the nature of, and changes in, the risks associated with those interests;

(iv) the nature, extent and financial effects of its interests in joint arrangements and associates, and the nature of the risks associated with those interests;

(v) the consequences of changes in a parent's ownership interest in a subsidiary that do not result in a loss of control; and

(vi) the consequences of losing control of a subsidiary during the reporting period.

IN10 The IFRS specifies minimum disclosures that an entity must provide. If the minimum disclosures required by the IFRS are not sufficient to meet the disclosure objective, an entity discloses whatever additional information is necessary to meet that objective.

IN11 The IFRS requires an entity to consider the level of detail necessary to satisfy the disclosure objective and how much emphasis to place on each of the requirements in the IFRS. An entity shall aggregate or disaggregate disclosures so that useful information is not obscured by either the inclusion of a large amount of insignificant detail or the aggregation of items that have different characteristics.

International Financial Reporting Standard 12
Disclosure of Interests in Other Entities

Objective

1 **The objective of this IFRS is to require an entity to disclose information that enables users of its financial statements to evaluate:**

(a) the nature of, and risks associated with, its i *nterests in other entities*; and

(b) the effects of those interests on its financial position, financial performance and cash flows.

Meeting the objective

2 To meet the objective in paragraph 1, an entity shall disclose:

(a) the significant judgements and assumptions it has made in determining the nature of its interest in another entity or arrangement, and in determining the type of joint arrangement in which it has an interest (paragraphs 7-9); and

(b) information about its interests in:

(i) subsidiaries (paragraphs 10-19);

(ii) joint arrangements and associates (paragraphs 20-23); and

(iii) *structured entities* that are not controlled by the entity (unconsolidated structured entities) (paragraphs 24-31).

3 If the disclosures required by this IFRS, together with disclosures required by other IFRSs, do not meet the objective in paragraph 1, an entity shall disclose whatever additional information is necessary to meet that objective.

4 An entity shall consider the level of detail necessary to satisfy the disclosure objective and how much emphasis to place on each of the requirements in this IFRS. It shall aggregate or disaggregate disclosures so that useful information is not obscured by either the inclusion of a large amount of insignificant detail or the aggregation of items that have different characteristics (see paragraphs B2-B6).

Scope

5 This IFRS shall be applied by an entity that has an interest in any of the following:

(a) subsidiaries

(b) joint arrangements (ie joint operations or joint ventures)

(c) associates

(d) unconsolidated structured entities.

6 This IFRS does not apply to:

(a) post-employment benefit plans or other long-term employee benefit plans to which IAS 19 *Employee Benefits* applies.

(b) an entity's separate financial statements to which IAS 27 *Separate Financial Statements* applies. However, if an entity has interests in unconsolidated structured entities and prepares separate financial statements as its only financial statements, it shall apply the requirements in paragraphs 24-31 when preparing those separate financial statements.

(c) an interest held by an entity that participates in, but does not have joint control of, a joint arrangement unless that interest results in significant influence over the arrangement or is an interest in a structured entity.

(d) an interest in another entity that is accounted for in accordance with IFRS 9 *Financial Instruments.* However, an entity shall apply this IFRS:

(i) when that interest is an interest in an associate or a joint venture that, in accordance with IAS 28 *Investments in Associates and Joint Ventures*, is measured at fair value through profit or loss; or

(ii) when that interest is an interest in an unconsolidated structured entity.

Significant judgements and assumptions

7 An entity shall disclose information about significant judgements and assumptions it has made (and changes to those judgements and assumptions) in determining:

(a) that it has control of another entity, ie an investee as described in paragraphs 5

and 6 of IFRS 10 *Consolidated Financial Statements*;

(b) **that it has joint control of an arrangement or significant influence over another entity; and**

(c) **the type of joint arrangement (ie joint operation or joint venture) when the arrangement has been structured through a separate vehicle.**

8 The significant judgements and assumptions disclosed in accordance with paragraph 7 include those made by the entity when changes in facts and circumstances are such that the conclusion about whether it has control, joint control or significant influence changes during the reporting period.

9 To comply with paragraph 7, an entity shall disclose, for example, significant judgements and assumptions made in determining that:

(a) it does not control another entity even though it holds more than half of the voting rights of the other entity.

(b) it controls another entity even though it holds less than half of the voting rights of the other entity.

(c) it is an agent or a principal (see paragraphs 58-72 of IFRS 10).

(d) it does not have significant influence even though it holds 20 per cent or more of the voting rights of another entity.

(e) it has significant influence even though it holds less than 20 per cent of the voting rights of another entity.

Interests in subsidiaries

10 **An entity shall disclose information that enables users of its consolidated financial statements**

(a) **to understand:**

(i) **the composition of the group; and**

(ii) **the interest that non-controlling interests have in the group's activities and cash flows (paragraph 12); and**

(b) **to evaluate:**

(i) **the nature and extent of significant restrictions on its ability to access or use assets, and settle liabilities, of the group (paragraph 13);**

(ii) **the nature of, and changes in, the risks associated with its interests in consolidated structured entities (paragraphs 14-17);**

(iii) **the consequences of changes in its ownership interest in a subsidiary that do not result in a loss of control (paragraph 18); and**

(iv) **the consequences of losing control of a subsidiary during the reporting period (paragraph 19).**

11 When the financial statements of a subsidiary used in the preparation of consolidated financial statements are as of a date or for a period that is different from that of the consolidated financial statements (see paragraphs B92 and B93 of IFRS 10), an entity shall disclose:

(a) the date of the end of the reporting period of the financial statements of that subsidiary; and

(b) the reason for using a different date or period.

The interest that non-controlling interests have in the group's activities and cash flows

12 An entity shall disclose for each of its subsidiaries that have non-controlling interests that are material to the reporting entity:

(a) the name of the subsidiary.

(b) the principal place of business (and country of incorporation if different from the principal place of business) of the subsidiary.

(c) the proportion of ownership interests held by non-controlling interests.

(d) the proportion of voting rights held by non-controlling interests, if different from the proportion of ownership interests held.

(e) the profit or loss allocated to non-controlling interests of the subsidiary during the reporting period.

(f) accumulated non-controlling interests of the subsidiary at the end of the reporting period.

(g) summarised financial information about the subsidiary (see paragraph B10).

The nature and extent of significant restrictions

13 An entity shall disclose:

(a) significant restrictions (eg statutory, contractual and regulatory restrictions) on its ability to access or use the assets and settle the liabilities of the group, such as:

(i) those that restrict the ability of a parent or its subsidiaries to transfer cash or other assets to (or from) other entities within the group.

(ii) guarantees or other requirements that may restrict dividends and other capital distributions being paid, or loans and advances being made or repaid, to (or from) other entities within the group.

(b) the nature and extent to which protective rights of non-controlling interests can significantly restrict the entity's ability to access or use the assets and settle the liabilities of the group (such as when a parent is obliged to settle liabilities of a subsidiary before settling its own liabilities, or approval of non-controlling interests is required either to access the assets or to settle the liabilities of a subsidiary).

(c) the carrying amounts in the consolidated financial statements of the assets and liabilities to which those restrictions apply.

Nature of the risks associated with an entity's interests in consolidated structured entities

14 An entity shall disclose the terms of any contractual arrangements that could require the parent or its subsidiaries to provide financial support to a consolidated structured entity, including events or circumstances that could expose the reporting entity to a loss (eg liquidity arrangements or credit rating triggers associated with obligations to purchase assets of the structured entity or provide financial support).

15 If during the reporting period a parent or any of its subsidiaries has, without having a contractual obligation to do so, provided financial or other support to a consolidated structured entity (eg purchasing assets of or instruments issued by the structured entity), the entity shall disclose:

(a) the type and amount of support provided, including situations in which the parent or its subsidiaries assisted the structured entity in obtaining financial support; and

(b) the reasons for providing the support.

16 If during the reporting period a parent or any of its subsidiaries has, without having a contractual obligation to do so, provided financial or other support to a previously unconsolidated structured entity and that provision of support resulted in the entity controlling the structured entity, the entity shall disclose an explanation of the relevant factors in reaching that decision.

17 An entity shall disclose any current intentions to provide financial or other support to a consolidated structured entity, including intentions to assist the structured entity in obtaining financial support.

Consequences of changes in a parent's ownership interest in a subsidiary that do not result in a loss of control

18 An entity shall present a schedule that shows the effects on the equity attributable to owners of the parent of any changes in its ownership interest in a subsidiary that do not result in a loss of control.

Consequences of losing control of a subsidiary during the reporting period

19 An entity shall disclose the gain or loss, if any, calculated in accordance with paragraph 25 of IFRS 10, and:

(a) the portion of that gain or loss attributable to measuring any investment retained in the former subsidiary at its fair value at the date when control is lost; and

(b) the line item(s) in profit or loss in which the gain or loss is recognised (if not presented separately).

Interests in joint arrangements and associates

20 An entity shall disclose information that enables users of its financial statements to evaluate:

(a) the nature, extent and financial effects of its interests in joint arrangements and associates, including the nature and effects of its contractual relationship with the other investors with joint control of, or significant influence over, joint arrangements and associates (paragraphs 21 and 22); and

(b) the nature of, and changes in, the risks associated with its interests in joint ventures and associates (paragraph 23).

Nature, extent and financial effects of an entity's interests in joint arrangements and associates

21 An entity shall disclose:

(a) for each joint arrangement and associate that is material to the reporting entity:

(i) the name of the joint arrangement or associate.

(ii) the nature of the entity's relationship with the joint arrangement or associate (by, for example, describing the nature of the activities of the joint arrangement or associate and whether they are strategic to the entity's activities).

(iii) the principal place of business (and country of incorporation, if applicable and different from the principal place of business) of the joint arrangement or associate.

(iv) the proportion of ownership interest or participating share held by the entity and, if different, the proportion of voting rights held (if applicable).

(b) for each joint venture and associate that is material to the reporting entity:

(i) whether the investment in the joint venture or associate is measured using the equity method or at fair value.

(ii) summarised financial information about the joint venture or associate as specified in paragraphs B12 and B13.

(iii) if the joint venture or associate is accounted for using the equity method, the fair value of its investment in the joint venture or associate, if there is a quoted market price for the investment.

(c) financial information as specified in paragraph B16 about the entity's investments in joint ventures and associates that are not individually material:

(i) in aggregate for all individually immaterial joint ventures and, separately,

(ii) in aggregate for all individually immaterial associates.

22 An entity shall also disclose:

(a) the nature and extent of any significant restrictions (eg resulting from borrowing arrangements, regulatory requirements or contractual arrangements between investors with joint control of or significant influence over a joint venture or an associate) on the ability of joint ventures or associates to transfer funds to the entity in the form of cash dividends, or to repay loans or advances made by the entity.

(b) when the financial statements of a joint venture or associate used in applying the equity method are as of a date or for a period that is different from that of the entity:

(i) the date of the end of the reporting period of the financial statements of that joint venture or associate; and

(ii) the reason for using a different date or period.

(c) the unrecognised share of losses of a joint venture or associate, both for the reporting period and cumulatively, if the entity has stopped recognising its share of losses of the joint venture or associate when applying the equity method.

Risks associated with an entity's interests in joint ventures and associates

23 An entity shall disclose:

(a) commitments that it has relating to its joint ventures separately from the amount of other commitments as specified in paragraphs B18-B20.

(b) in accordance with IAS 37 *Provisions, Contingent Liabilities and Contingent Assets*, unless the probability of loss is remote, contingent liabilities incurred relating to its interests in joint ventures or associates (including its share of contingent liabilities incurred jointly with other investors with joint control of, or significant influence over, the joint ventures or associates), separately from the amount of other contingent liabilities.

Interests in unconsolidated structured entities

24 An entity shall disclose information that enables users of its financial statements:

(a) to understand the nature and extent of its interests in unconsolidated structured entities (paragraphs 26-28); and

(b) to evaluate the nature of, and changes in, the risks associated with its

interests in unconsolidated structured entities (paragraphs 29-31).

25 The information required by paragraph 24 (b) includes information about an entity's exposure to risk from involvement that it had with unconsolidated structured entities in previous periods (eg sponsoring the structured entity), even if the entity no longer has any contractual involvement with the structured entity at the reporting date.

Nature of interests

26 An entity shall disclose qualitative and quantitative information about its interests in unconsolidated structured entities, including, but not limited to, the nature, purpose, size and activities of the structured entity and how the structured entity is financed.

27 If an entity has sponsored an unconsolidated structured entity for which it does not provide information required by paragraph 29 (eg because it does not have an interest in the entity at the reporting date), the entity shall disclose:

(a) how it has determined which structured entities it has sponsored;

(b) *income from those structured entities* during the reporting period, including a description of the types of income presented; and

(c) the carrying amount (at the time of transfer) of all assets transferred to those structured entities during the reporting period.

28 An entity shall present the information in paragraph 27(b) and (c) in tabular format, unless another format is more appropriate, and classify its sponsoring activities into relevant categories (see paragraphs B2-B6).

Nature of risks

29 An entity shall disclose in tabular format, unless another format is more appropriate, a summary of:

(a) the carrying amounts of the assets and liabilities recognised in its financial statements relating to its interests in unconsolidated structured entities.

(b) the line items in the statement of financial position in which those assets and liabilities are recognised.

(c) the amount that best represents the entity's maximum exposure to loss from its interests in unconsolidated structured entities, including how the maximum exposure to loss is determined. If an entity cannot quantify its maximum exposure to loss from its interests in unconsolidated structured entities it shall disclose that fact and the reasons.

(d) a comparison of the carrying amounts of the assets and liabilities of the entity that relate to its interests in unconsolidated structured entities and the entity's maximum exposure to loss from those entities.

30 If during the reporting period an entity has, without having a contractual obligation to do so, provided financial or other support to an unconsolidated structured entity in which it previously had or currently has an interest (for example, purchasing assets of or instruments issued by the structured entity), the entity shall disclose:

(a) the type and amount of support provided, including situations in which the entity assisted the structured entity in obtaining financial support; and

(b) the reasons for providing the support.

31 An entity shall disclose any current intentions to provide financial or other support to an unconsolidated structured entity, including intentions to assist the structured entity in obtaining financial support.

Appendix A
Defined terms

This appendix is an integral part of the IFRS.

income from a structured entity	For the purpose of this IFRS, income from a structured entity includes, but is not limited to, recurring and non-recurring fees, interest, dividends, gains or losses on the remeasurement or derecognition of interests in structured entities and gains or losses from the transfer of assets and liabilities to the structured entity.
interest in another entity	For the purpose of this IFRS, an interest in another entity refers to contractual and non-contractual involvement that exposes an entity to variability of returns from the performance of the other entity. An interest in another entity can be evidenced by, but is not limited to, the holding of equity or debt instruments as well as other forms of involvement such as the provision of funding, liquidity support, credit enhancement and guarantees. It includes the means by which an entity has control or joint control of, or significant influence over, another entity. An entity does not necessarily have an interest in another entity solely because of a typical customer supplier relationship. Paragraphs B7-B9 provide further information about interests in other entities. Paragraphs B55-B57 of IFRS 10 explain variability of returns.
structured entity	An entity that has been designed so that voting or similar rights are not the dominant factor in deciding who controls the entity, such as when any voting rights relate to administrative tasks only and the relevant activities are directed by means of contractual arrangements. Paragraphs B22-B24 provide further information about structured entities.

The following terms are defined in IAS 27 (as amended in 2011), IAS 28 (as amended in 2011), IFRS 10 and IFRS 11 *Joint Arrangements* and are used in this IFRS with the meanings specified in those IFRSs:

- associate
- consolidated financial statements
- control of an entity
- equity method
- group
- joint arrangement
- joint control
- joint operation
- joint venture
- non-controlling interest
- parent
- protective rights
- relevant activities
- separate financial statements
- separate vehicle
- significant influence
- subsidiary.

Appendix B
Application guidance

This appendix is an integral part of the IFRS. It describes the application of paragraphs 1-31 and has the same authority as the other parts of the IFRS.

B1 The examples in this appendix portray hypothetical situations. Although some aspects of the examples may be present in actual fact patterns, all relevant facts and circumstances of a particular fact pattern would need to be evaluated when applying IFRS 12.

Aggregation (paragraph 4)

B2 An entity shall decide, in the light of its circumstances, how much detail it provides to satisfy the information needs of users, how much emphasis it places on different aspects of the requirements and how it aggregates the information. It is necessary to strike a balance between burdening financial statements with excessive detail that may not assist users of financial statements and obscuring information as a result of too much aggregation.

B3 An entity may aggregate the disclosures required by this IFRS for interests in similar entities if aggregation is consistent with the disclosure objective and the requirement in paragraph B4, and does not obscure the information provided. An entity shall disclose how it has aggregated its interests in similar entities.

B4 An entity shall present information separately for interests in:

(a) subsidiaries;

(b) joint ventures;

(c) joint operations;

(d) associates; and

(e) unconsolidated structured entities.

B5 In determining whether to aggregate information, an entity shall consider quantitative and qualitative information about the different risk and return characteristics of each entity it is considering for aggregation and the significance of each such entity to the reporting entity. The entity shall present the disclosures in a manner that clearly explains to users of financial statements the nature and extent of its interests in those other entities.

B6 Examples of aggregation levels within the classes of entities set out in paragraph B4 that might be appropriate are:

(a) nature of activities (eg a research and development entity, a revolving credit card securitisation entity).

(b) industry classification.

(c) geography (eg country or region).

Interests in other entities

B7 An interest in another entity refers to contractual and non-contractual involvement that exposes the reporting entity to variability of returns from the performance of the other entity. Consideration of the purpose and design of the other entity may help the reporting entity when assessing whether it has an interest in that entity and, therefore, whether it is required to provide the disclosures in this IFRS. That assessment shall include consideration of the risks that the other entity was designed to create and the risks the other entity was designed to pass on to the reporting entity and other parties.

B8 A reporting entity is typically exposed to variability of returns from the performance of another entity by holding instruments (such as equity or debt instruments issued by the other entity) or having another involvement that absorbs variability. For example, assume a structured entity holds a loan portfolio. The structured entity obtains a credit default swap from another entity (the reporting entity) to protect itself from the default of interest and principal payments on the loans. The reporting entity has involvement that exposes it to variability of returns from the performance of the structured entity because the credit default swap absorbs variability of returns of the structured entity.

B9 Some instruments are designed to transfer risk from a reporting entity to another entity. Such instruments create variability of returns for the other entity but do not typically expose the reporting entity to variability of returns from the performance of the other entity. For example, assume a structured entity is established to provide investment opportunities for investors who wish to have exposure to entity Z's credit risk (entity Z is unrelated to any party involved in the arrangement). The structured entity obtains funding by issuing to those investors notes that are linked to entity Z's credit risk (credit-linked notes) and uses the proceeds to invest in a portfolio of risk-free financial assets. The structured entity obtains exposure to entity Z's credit risk by entering into a credit default swap (CDS) with a swap counterparty. The CDS passes entity Z's credit risk to the structured entity in return for a fee paid by the swap counterparty. The investors in the structured entity receive a higher return that reflects both the structured entity's return from its asset portfolio and the CDS fee. The swap counterparty does not have involvement with the structured entity that exposes it to variability of returns from the performance of the structured entity because the CDS transfers variability to the structured entity, rather than absorbing variability of returns of the structured entity.

Summarised financial information for subsidiaries, joint ventures and associates (paragraphs 12 and 21)

B10 For each subsidiary that has non-controlling interests that are material to the reporting entity, an entity shall disclose:

(a) dividends paid to non-controlling interests.

(b) summarised financial information about the assets, liabilities, profit or loss and cash flows of the subsidiary that enables users to understand the interest that non-controlling interests have in the group's activities and cash flows. That information might include but is not limited to, for example, current assets, non-current assets, current liabilities, non-current liabilities, revenue, profit or loss and total comprehensive income.

B11 The summarised financial information required by paragraph B10 (b) shall be the amounts before inter-company eliminations.

B12 For each joint venture and associate that is material to the reporting entity, an entity shall disclose:

(a) dividends received from the joint venture or associate.

(b) summarised financial information for the joint venture or associate (see paragraphs B14 and B15) including, but not necessarily limited to:

(i) current assets.

(ii) non-current assets.

(iii) current liabilities.

(iv) non-current liabilities.

(v) revenue.

(vi) profit or loss from continuing operations.

(vii) post-tax profit or loss from discontinued operations.

(viii) other comprehensive income.

(ix) total comprehensive income.

B13 In addition to the summarised financial information required by paragraph B12, an entity shall disclose for each joint venture that is material to the reporting entity the amount of:

(a) cash and cash equivalents included in paragraph B12(b)(i).

(b) current financial liabilities (excluding trade and other payables and provisions) included in paragraph B12(b)(iii).

(c) non-current financial liabilities (excluding trade and other payables and provisions) included in paragraph B12(b)(iv).

(d) depreciation and amortisation.

(e) interest income.

(f) interest expense.

(g) income tax expense or income.

B14 The summarised financial information presented in accordance with paragraphs B12 and B13 shall be the amounts included in the IFRS financial statements of the joint venture or associate (and not the entity's share of those amounts). If the entity accounts for its interest in the joint venture or associate using the equity method:

(a) the amounts included in the IFRS financial statements of the joint venture or associate shall be adjusted to reflect adjustments made by the entity when using the equity method, such as fair value adjustments made at the time of acquisition and adjustments for differences in accounting policies.

(b) the entity shall provide a reconciliation of the summarised financial information presented to the carrying amount of its interest in the joint venture or associate.

B15 An entity may present the summarised financial information required by paragraphs B12 and B13 on the basis of the joint venture's or associate's financial statements if:

(a) the entity measures its interest in the joint venture or associate at fair value in accordance with IAS 28 (as amended in 2011); and

(b) the joint venture or associate does not prepare IFRS financial statements and preparation on that basis would be impracticable or cause undue cost.

(c) In that case, the entity shall disclose the basis on which the summarised financial information has been prepared.

B16 An entity shall disclose, in aggregate, the carrying amount of its interests in all individually immaterial joint ventures or associates that are accounted for using the equity method. An entity shall also disclose separately the aggregate amount of its share of those joint ventures' or associates':

(a) profit or loss from continuing operations.

(b) post-tax profit or loss from discontinued operations.

(c) other comprehensive income.

(d) total comprehensive income.

An entity provides the disclosures separately for joint ventures and associates.

B17 When an entity's interest in a subsidiary, a joint venture or an associate (or a portion of its interest in a joint venture or an associate) is classified as held for sale in accordance with IFRS 5 *Non-current Assets Held for Sale and Discontinued Operations*, the entity is not required to disclose summarised financial information for that subsidiary, joint venture or associate in accordance with paragraphs B10-B16.

Commitments for joint ventures (paragraph 23(a))

B18 An entity shall disclose total commitments it has made but not recognised at the reporting date (including its share of commitments made jointly with other investors with joint control of a joint venture) relating to its interests in joint ventures. Commitments are those that may give rise to a future outflow of cash or other resources.

B19 Unrecognised commitments that may give rise to a future outflow of cash or other resources include:

(a) unrecognised commitments to contribute funding or resources as a result of, for example:

(i) the constitution or acquisition agreements of a joint venture (that, for example, require an entity to contribute funds over a specific period).

(ii) capital-intensive projects undertaken by a joint venture.

(iii) unconditional purchase obligations, comprising procurement of equipment, inventory or services that an entity is committed to purchasing from, or on behalf of, a joint venture.

(iv) unrecognised commitments to provide loans or other financial support to a joint venture.

(v) unrecognised commitments to contribute resources to a joint venture, such as assets or services.

(vi) other non-cancellable unrecognised commitments relating to a joint venture.

(b) unrecognised commitments to acquire another party's ownership interest (or a portion of that ownership interest) in a joint venture if a particular event occurs or does not occur in the future.

B20 The requirements and examples in paragraphs B18 and B19 illustrate some of the types of disclosure required by paragraph 18 of IAS 24 *Related Party Disclosures*.

Interests in unconsolidated structured entities (paragraphs 24-31)

Structured entities

B21 Astructured entity is an entity that has been designed so that voting or similar rights are not the dominant factor in deciding who controls the entity, such as when any voting rights relate to administrative tasks only and the relevant activities are directed by means of contractual arrangements.

B22 A structured entity often has some or all of the following features or attributes:

(a) restricted activities.

(b) a narrow and well-defined objective, such as to effect a tax-efficient lease, carry out research and development activities, provide a source of capital or funding to an entity or provide investment opportunities for investors by passing on risks and rewards associated with the assets of the structured entity to investors.

(c) insufficient equity to permit the structured entity to finance its activities without subordinated financial support.

(d) financing in the form of multiple contractually linked instruments to investors that create concentrations of credit or other risks (tranches).

B23 Examples of entities that are regarded as structured entities include, but are not limited to:

(a) securitisation vehicles.

(b) asset-backed financings.

(c) some investment funds.

B24 An entity that is controlled by voting rights is not a structured entity simply because, for example, it receives funding from third parties following a restructuring.

Nature of risks from interests in unconsolidated structured entities (paragraphs 29-31)

B25 In addition to the information required by paragraphs 29-31, an entity shall disclose additional information that is necessary to meet the disclosure objective in paragraph 24 (b).

B26 Examples of additional information that, depending on the circumstances, might be relevant to an assessment of the risks to which an entity is exposed when it has an interest in an unconsolidated structured entity are:

(a) the terms of an arrangement that could require the entity to provide financial support to an unconsolidated structured entity (eg liquidity arrangements or credit rating triggers associated with obligations to purchase assets of the structured entity or provide financial support), including:

(i) a description of events or circumstances that could expose the reporting entity to a loss.

(ii) whether there are any terms that would limit the obligation.

(iii) whether there are any other parties that provide financial support and, if so, how the reporting entity's obligation ranks with those of other parties.

(b) losses incurred by the entity during the reporting period relating to its interests in unconsolidated structured entities.

(c) the types of income the entity received during the reporting period from its interests in unconsolidated structured entities.

(d) whether the entity is required to absorb losses of an unconsolidated structured entity before other parties, the maximum limit of such losses for the entity, and (if relevant) the ranking and amounts of potential losses borne by parties whose interests rank lower than the entity's interest in the unconsolidated structured entity.

(e) information about any liquidity arrangements, guarantees or other commitments with third parties that may affect the fair value or risk of the entity's interests in unconsolidated structured entities.

(f) any difficulties an unconsolidated structured entity has experienced in financing its activities during the reporting period.

(g) in relation to the funding of an unconsolidated structured entity, the forms of funding (eg commercial paper or medium-term notes) and their weighted-average life. That information might include maturity analyses of the assets and funding of an unconsolidated structured entity if the structured entity has longer-term assets funded by shorter-term funding.

Appendix C
Effective date and transition

This appendix is an integral part of the IFRS and has the same authority as the other parts of the IFRS.

Effective date and transition

C1 An entity shall apply this IFRS for annual periods beginning on or after 1 January 2013. Earlier application is permitted.

C1A *Consolidated Financial Statements, Joint Arrangements and Disclosure of Interests in Other Entities: Transitiot Guidance* (Amendments to IFRS 10, IFRS 11 and IFRS 12), issued in June 2012, added paragraphs C2A-C2B. An entity shall apply those amendments for annual periods beginning on or after 1 lanuary 201 3. If an entity applies IFRS 12 for an earlier period, it shall apply those amendments for that earlier period.

C2 An entity is encouraged to provide information required by this IFRS earlier than annual periods beginning on or after 1 January 2013. Providing some of the disclosures required by this IFRS does not compel the entity to comply with all the requirements of this IFRS or to apply IFRS 10, IFRS 11, IAS 27 (as amended in 2011) and IAS 28 (as amended in 2011) early.

C2A The disclosure requirements of this IFRS need not be applied for any period presented that begins before the annual period immediately preceding the first annual period for which IFRS 12 is applied.

C2B The disclosure requirements of paragraphs 24-31 and the corresponding guidance in paragraphs B21-B26 of this IFRS need not be applied for any period presented that begins before the first annual period for which IFRS 12 is applied.

References to IFRS 9

C3 If an entity applies this IFRS but does not yet apply IFRS 9, any reference to IFRS 9 shall be read as a reference to IAS 39 *Financial Instruments: Recognition and Measurement.*

Approval by the Board of IFRS 12 issued in May 2011

International Financial Reporting Standard 12 Disclosure of Interests in Other Entities was approved for issue by the fifteen members of the International Accounting Standards Board.

Sir David Tweedie   Chairman
Stephen Cooper
Philippe Danjou
Jan Engström
Patrick Finnegan
Amaro Luiz de Oliveira Gomes
Prabhakar Kalavacherla
Elke König
Patricia McConnell
Warren J McGregor
Paul Pacter
Darrel Scott
John T Smith
Tatsumi Yamada
Wei-Guo Zhang

Basis for Conclusions on IFRS 12 Disclosure of Interests in Other Entities

Contents

This Basis for Conclusions accompanies, but is not part of, IFRS 12.

Introduction

BC1 This Basis for Conclusions summarises the International Accounting Standards Board's considerations in developing IFRS 12 *Disclosure of Interests in Other Entities.* Individual Board members gave greater weight to some factors than to others.

BC2 Users of financial statements have consistently requested improvements to the disclosure of a reporting entity's interests in other entities to help identify the profit or loss and cash flows available to the reporting entity and determine the value of a current or future investment in the reporting entity.

BC3 They highlighted the need for better information about the subsidiaries that are consolidated, as well as an entity's interests in joint arrangements and associates that are not consolidated but with which the entity has a special relationship.

BC4 The global financial crisis that started in 2007 also highlighted a lack of transparency about the risks to which a reporting entity was exposed from its involvement with structured entities, including those that it had sponsored.

BC5 IFRS 12 addresses the disclosure of a reporting entity's interests in other entities when the reporting entity has a special relationship with those other entities, ie it controls another entity, has joint control of or significant influence over another entity or has an interest in an unconsolidated structured entity.

BC6 In developing IFRS 12, the Board considered the responses to its exposure drafts, ED 9 *Joint Arrangements* and ED 10 *Consolidated Financial Statements.* ED 9 proposed amendments to the disclosure requirements for joint ventures and associates to align more closely the disclosure requirements for those two types of investments. ED 10 proposed amendments to the disclosure requirements for subsidiaries and new disclosure requirements for unconsolidated structured entities.

BC7 During its consideration of the responses to ED 9 and ED 10, the Board identified an opportunity to integrate and make consistent the disclosure requirements for subsidiaries, joint arrangements, associates and unconsolidated structured entities and present those requirements in a single IFRS. The Board observed that the disclosure requirements of IAS 27 *Consolidated and Separate Financial Statements*, IAS 28 *Investments in Associates* and IAS 31 *Interests in Joint Ventures* overlapped in many areas. In addition, many respondents to ED 10 commented that the disclosure requirements for interests in unconsolidated structured entities should not be located in a consolidation standard. Therefore, the Board concluded that a combined disclosure standard for interests in other entities would make it easier to understand and apply the disclosure requirements for subsidiaries, joint ventures, associates and unconsolidated structured entities.

BC8 The Board decided to extend the scope of IFRS 12 to interests in joint operations. A joint operation is a joint arrangement that is not necessarily structured through an entity that is separate from the parties to the joint arrangement. Therefore, an interest in a joint operation does not necessarily represent an interest in another entity. The Board decided to include disclosure requirements for joint operations in IFRS 12 because it believes that the benefits of having all disclosure requirements for joint arrangements in one place outweighs the disadvantages of including disclosure requirements about interests in joint operations in a standard that otherwise deals with an entity's interests in other entities.

The structure of IFRS 12 and the Board's deliberations

BC9 IFRS 12 replaces the disclosure requirements in IAS 27, IAS 28 and IAS 31, except for the disclosure requirements that apply only when preparing separate financial statements, which are included in IAS 27 *Separate Financial Statements.*

BC10 Unless otherwise stated, any references in this Basis for Conclusions to:

(a) IAS 27 are to IAS 27 *Consolidated and Separate Financial Statements.*

(b) IAS 28 are to IAS 28 *Investments in Associates.*

(c) IAS 31 are to IAS 31 *Interests in Joint Ventures.*

BC11 In developing IFRS 12, the Board did not reconsider all the requirements that are included in the IFRS. The requirements in paragraphs 11, 18 and 19 relate to disclosures about some of the accounting requirements in IFRS 10 *Consolidated Financial Statements*, which were carried forward from IAS 27 to IFRS 10 without being reconsidered by the Board. Consequently, the Board did not reconsider the requirements in those paragraphs. In addition, the requirements in paragraph 22 relate to disclosures about the application of the equity method and restrictions on the ability of joint ventures and associates to transfer funds to the reporting entity. The Board did not reconsider the equity method as part of its joint ventures project. Consequently, and with the exception of its decision to align the requirements for joint ventures and associates as stated in paragraph BC6, the requirements in paragraph 22 were carried forward from IAS 28 without being reconsidered by the Board. Accordingly, when the Board approved IFRS 12 for issue, it brought forward from IAS 27 and IAS 28 without reconsideration the requirements now in paragraphs 11, 18, 19 and 22 of IFRS 12.

BC12 When revised in 2003, IAS 27 was accompanied by a Basis for Conclusions summarising the considerations of the Board, as constituted at the time, in reaching some of its conclusions in that standard. The Basis for Conclusions was subsequently updated to reflect amendments to the standard. For convenience, the Board has incorporated into its Basis for Conclusions on IFRS 12 material from the Basis for Conclusions on IAS 27 that discusses the requirements in paragraphs 18 and 19 that the Board has not reconsidered. That material is contained in paragraphs BC37-BC41. In those paragraphs cross-references to the IFRS have been updated accordingly and minor necessary editorial changes have been made.

BC13 As part of its consolidation project, the Board is examining how an investment entity accounts for its interests in subsidiaries, joint ventures and associates and what, if any, additional disclosures might be made about those interests. The Board expects to publish later in 2011 an exposure draft on investment entities.

Significant judgements and assumptions

BC14 The assessment of whether an entity controls another entity sometimes requires judgement. Paragraph 122 of IAS 1 *Presentation of Financial Statements* requires an entity to disclose the judgements that management has made in the process of applying the entity's accounting policies and that have the most significant effect on the amounts recognised in the financial statements.

BC15 IAS 27 and IAS 28 supplemented the general disclosure requirement in IAS 1 with more specific requirements relating to an entity's decision about whether it controls or has significant influence over another entity. Those standards required disclosure of information when an entity's control or significant influence assessment was different from the presumptions of control or significant influence in IAS 27 and IAS 28 (ie more than 50 per cent voting power for control and 20 per cent or more voting power for significant influence).

BC16 The Board decided to replace the specific disclosure requirements in IAS 27 and IAS 28 with a principle that an entity must disclose all significant judgements and assumptions made in determining the nature of its interest in another entity or arrangement, and in determining the type of joint arrangement in which it has an interest. Moreover, the requirement for such disclosures should not be limited to particular scenarios. Instead, disclosure should be required for all situations in which an entity applies significant judgement in assessing the nature of its interest in another entity. The disclosure requirements formerly in IAS 27 and IAS 28 in this respect were included as examples of situations for which significant judgement might need to be applied.

BC17 ED 10 proposed that, for two particular scenarios for which the control assessment was different, an entity should provide information, in aggregate, that would help users evaluate the accounting consequences of the decision to consolidate another entity.

BC18 Most users supported the proposal. However, other respondents to ED 10 expressed the view that disclosing such quantitative information about the accounting consequences was a step too far. They were concerned that such a disclosure would encourage 'second-guessing' by users of financial statements and, therefore, replace the judgement made by management with that made by users of financial statements.

BC19 The Board acknowledged those concerns, but observed that consideration of different scenarios is common practice when analysing financial statements and does not necessarily mean that the judgement of management is replaced with that of other parties. However, the Board noted that IFRS 3 *Business Combinations* requires an entity to disclose information that enables users of financial statements to evaluate the nature and financial effect of a business combination—ie when an entity obtains control of another business or businesses. Furthermore, if an entity's assessment that it does not control another entity requires significant judgement, the entity will often conclude that it has either joint control of or significant influence over that other entity. The Board observed that IFRS 12 will require an entity to disclose quantitative information about its interests in joint ventures and associates, and information about its exposure to risk from its interests in unconsolidated structured entities. Therefore, the Board concluded that there was no need for a separate requirement to disclose quantitative information to help assess the accounting consequences of an entity's decision to consolidate (or not to consolidate) another entity.

Interests in subsidiaries

BC20 IFRS 12 requires an entity to disclose information that enables users of financial statements

(a) to understand:

(i) the composition of the group; and

(ii) the interest that non-controlling interests have in the group's activities and cash flows; and

(b) to evaluate:

(i) the nature and the effect of significant restrictions on its ability to access and use assets of the group, and settle liabilities of the group;

(ii) the nature of, and changes in, the risks associated with its interests in consolidated structured entities;

(iii) the consequences of changes in the parent's ownership interest in a subsidiary that do not result in a loss of control; and

(iv) the consequences of losing control of a subsidiary during the reporting period.

Composition of the group and non-controlling interests

BC21 Consolidated financial statements present the financial position, comprehensive income and cash flows of the group as a single entity. They ignore the legal boundaries of the parent and its subsidiaries. However, those legal boundaries could affect the parent's access to and use of assets and other resources of its subsidiaries and, therefore, affect the cash flows that can be distributed to the shareholders of the parent.

BC22 When the Board was developing IFRS 12, users informed the Board that, as part of their analysis of financial statements, they need to identify profit or loss and cash flows attributable to the shareholders of the parent and those attributable to non-controlling interests.

BC23 IAS 1 provides some of the information necessary to perform the valuations by requiring an entity to present:

(a) in the statement of financial position, the non-controlling interest within equity;

(b) in the statement of comprehensive income, profit or loss and total comprehensive income for the period attributable to the non-controlling interest; and

(c) in the statement of changes in equity, a reconciliation between the non-controlling interest at the beginning of the period and the end of the period.

BC24 Although confirming that the presentation requirements in IAS 1 provide important information, users of financial statements requested additional information to enable them to make better estimates of future profit or loss and cash flows attributable to the shareholders of the parent. The Board was advised that, in particular, an analyst requires information about the non-controlling interests' share of the profit or loss, cash flows and net assets of subsidiaries with material non-controlling interests.

BC25 Those users of financial statements also requested specific disclosure requirements in this respect, rather than simply a disclosure objective as was proposed in ED 10. In their view, only specific disclosure requirements would enhance their ability to estimate the profit or loss and cash flows attributable to the ordinary shareholders of the parent and provide comparable information for different entities. Users specifically requested additional financial information about consolidated entities.

BC26 The Board was convinced by those comments and decided to require an entity to provide the following information for each subsidiary that has non-controlling interests that are material to the group:

(a) *the name of the subsidiary*, because naming subsidiaries that have non-controlling interests that are material to the group helps users search for other information that might be useful for their analysis of the subsidiary.

(b) *the principal place of business (and country of incorporation, if different)*, because this helps users understand the political, economic and currency risks associated with those subsidiaries and the laws with which those subsidiaries must comply.

(c) *the proportion of ownership interests held by non-controlling interests; if different, the proportion of voting rights held by non-controlling interests; profit or loss allocated to non-controlling interests and accumulated non-controlling interests at the end of the reporting period*, because this information helps users understand the profit or loss and cash flows attributable to the shareholders of the parent and the amount attributable to non-controlling interests.

(d) *summarised financial information for the subsidiary*, because this information helps users understand the profit or loss and cash flows attributable to the shareholders of the parent and the amount attributable to non-controlling interests.

BC27 The Board believes that the disclosures required will help users when estimating future profit or loss and cash flows by identifying, for example:

(a) the assets and liabilities that are held by subsidiaries;

(b) risk exposures of particular group entities (eg by identifying which subsidiaries hold debt); and

(c) those subsidiaries that generate significant cash flows.

BC28 In reaching its decision, the Board noted that users have consistently requested additional financial information about consolidated entities for many years. Although users have requested financial information about all subsidiaries that are material to the group, the Board decided to require financial information only for those subsidiaries with material non-controlling interests. A requirement to disclose information about subsidiaries with immaterial or no non-controlling interests might prove to be onerous to prepare without any significant benefit for users, who are expected to benefit most from having financial information about subsidiaries with material non-controlling interests. Summarised financial information about subsidiaries with material non-controlling interests helps users predict how future cash flows will be distributed among those with claims against the entity including the non-controlling interests.

BC29 In addition, the Board does not think that this requirement to provide information about subsidiaries with material non-controlling interests will be particularly onerous to prepare. This is because an entity should have the information available in preparing its consolidated financial statements.

Restrictions on assets and liabilities

BC30 IAS 27 required disclosures about the nature and extent of significant restrictions on the ability of subsidiaries to transfer funds to the parent. Users of financial statements noted that, in addition to legal requirements, the existence of non-controlling interests in a subsidiary might restrict the subsidiary's ability to transfer funds to the parent or any of its other subsidiaries. However, the disclosure requirement in IAS 27 regarding significant restrictions did not refer explicitly to non-controlling interests.

BC31 Accordingly, the Board decided to amend the requirement in IAS 27 to disclose restrictions in order to clarify that the information disclosed should include the nature and extent to which protective rights of non-controlling interests can restrict the entity's ability to access and use the assets and settle the liabilities of a subsidiary.

BC32 In response to concerns raised by respondents to ED 10 about the extent of the disclosure requirement, the Board decided to limit the disclosures to information about the nature and effect of *significant* restrictions on an entity's ability to access and use assets or settle liabilities of the group. In reaching that decision, the Board confirmed that the proposal was never intended to require an entity to disclose, for example, a list of all the protective rights held by non-controlling interests that are embedded in law and regulation.

BC33 The Board also confirmed that the restrictions required to be disclosed by IFRS 12 are those that exist because of the legal boundaries within the group, such as restrictions on transferring cash between group entities. The requirement in IFRS 12 is not intended to replicate those in other IFRSs relating to restrictions, such as those in IAS 16 *Property, Plant and Equipment* or IAS 40 *Investment Property*.

Risks associated with an entity's interests in consolidated structured entities

BC34 An entity can be exposed to risks from both consolidated and unconsolidated structured entities. The Board concluded that it would help users of financial statements in understanding an entity's exposure to risks if the entity disclosed the terms of contractual arrangements that could require it to provide financial support to a consolidated structured entity, including events or circumstances that could expose the entity to a loss.

BC35 The Board concluded for the same reason that an entity should disclose its risk exposure from non-contractual obligations to provide support to both consolidated and unconsolidated structured entities (see paragraphs BC102-BC106).

BC36 The Board noted that US generally accepted accounting principles (GAAP) require similar disclosures, which have been well received by users of financial statements in the US.

Changes in ownership interests in subsidiaries

BC37 In its deliberations in the second phase of the business combinations project, the US Financial Accounting Standards Board (FASB) decided to require entities with one or more partially-owned subsidiaries to disclose in the notes to the consolidated financial statements a schedule showing the effects on the controlling interest's equity of changes in a parent's ownership interest in a subsidiary that do not result in a loss of control.

BC38 In the exposure draft proposing amendments to IAS 27 published in 2005, the Board did not propose to require this disclosure. The Board noted that IFRSs require this information to be provided in the statement of changes in equity or in the notes to the financial statements. This is because IAS 1 requires an entity to present, within the statement of changes in equity, a reconciliation between the carrying amount of each component of equity at the beginning and end of the period, disclosing separately each change.

BC39 Many respondents to the 2005 exposure draft requested more prominent disclosure of the effects of transactions with non-controlling interests on the equity of the owners of the parent. Therefore, the Board decided to converge with the FASB's disclosure requirement and to require that if a parent has equity transactions with non-controlling interests, it should disclose in a separate schedule the effects of those transactions on the equity of the owners of the parent.

BC40 The Board understands that some users will be interested in information pertaining only to the owners of the parent. The Board expected that the presentation and disclosure requirements of IAS 27, as amended in 2008, would meet their information needs. (These presentation and disclosure requirements are now included in IFRS 12.)

Loss of control

BC41 The Board decided that the amount of any gain or loss arising on the loss of control of a subsidiary, including the portion of the gain or loss attributable to recognising any investment retained in the former subsidiary at its fair value at the date when control is lost, and the line item in the statement of comprehensive income in which the gains or losses are recognised should be disclosed. This disclosure requirement, which took effect from 1 July 2009, provides information about the effect of the loss of control of a subsidiary on the financial position at the end of, and performance for, the reporting period.

Interests in joint arrangements and associates

BC42 The Board proposed in ED 9 to align the disclosure requirements for joint ventures and associates by proposing consequential amendments to IAS 28 and by extending the application of some disclosure requirements in IAS 28 to investments in joint ventures.

BC43 During its consideration of responses to ED 9, the Board questioned whether it was possible to achieve further alignment between the disclosure requirements for joint ventures and associates, to the extent that the nature of the particular type of interest does not justify different disclosure requirements. Although joint control is different from significant influence, the Board concluded that the disclosure requirements for joint arrangements and associates could share a common disclosure objective—to disclose information that enables users of financial statements to evaluate the nature, extent and financial effects of an entity's interests in joint arrangements and associates, and the nature of the risks associated with those interests.

Nature, extent and financial effects of interests in joint arrangements and associates

BC44 In response to requests from users of financial statements, the Board proposed in ED 9 that an entity should disclose a list and description of investments in significant joint ventures and associates. Respondents to ED 9 generally welcomed the proposal. The Board decided to carry the proposals forward into IFRS 12 with some modifications as described in paragraphs BC45 and BC46.

BC45 The Board decided to require the information for joint arrangements and associates that are material to the reporting entity rather than for significant joint arrangements and associates. The *Conceptual Framework for Financial Reporting* defines materiality whereas the term 'significant' is undefined and can be interpreted differently. Consequently, the Board decided to replace 'significant' with 'material', which is also used in IFRS 3. The Board noted that materiality should be assessed in relation to an entity's consolidated financial statements or other primary financial statements in which joint ventures and associates are accounted for using the equity method.

BC46 In addition, the Board noted that ED 9 unintentionally changed the application of the requirement in IAS 31 to provide a description of interests in all joint arrangements to interests in joint ventures only. As such, the Board modified the requirement so that it would continue to be required for all joint arrangements that are material to an entity.

Summarised financial information

BC47 IAS 28 and IAS 31 required disclosure of aggregated summarised financial information relating to joint ventures and associates. In response to requests from users of financial statements, ED 9 proposed to expand the requirements so that summarised financial information would be provided for each joint venture that is material to an entity.

BC48 Respondents to ED 9 generally agreed that summarised financial information should be provided. Some had concerns about confidentiality when providing summarised financial information on an individual basis for some joint ventures that were established to implement a single project. Others, including users of financial statements, were concerned that the elimination of proportionate consolidation would result in a loss of information. They therefore requested more detailed disclosures so that the effect of joint ventures on the activities of an entity could be better understood. They stated that there was a need for a detailed breakdown of current assets and current and non-current liabilities (in particular, cash and financial liabilities excluding trade payables and provisions), which would help users understand the net debt position of joint ventures. These users also highlighted the need for a more detailed breakdown of amounts presented in the statement of comprehensive income (such as depreciation and amortisation) that would help when valuing an entity's investment in a joint venture.

BC49 ED 9 proposed that an entity should present summarised financial information for each material joint venture on the basis of its proportionate interest in the joint venture. The Board reconsidered the proposal, noting that it would be confusing to present the entity's share of the assets, liabilities and revenue of a joint venture or associate when the entity has neither rights to, nor obligations for, the assets and liabilities of the joint venture or associate. Rather, the entity has an interest in the net assets of the joint ventures or associates. Consequently, the Board concluded that an entity should present the summarised financial information for each material joint venture on a '100 per cent' basis, and reconcile that to the carrying amount of its investment in the joint venture or associate.

BC50 The Board observed that the requirement to present the amounts on a '100 per cent' basis would be appropriate only when the information is disclosed for individual joint ventures and associates. This is because presenting the financial information on a '100 per cent' basis when aggregating that information for all joint ventures or associates would not result in useful information when the entity holds different percentage ownership interests in its joint ventures or associates. In addition, some users and respondents to ED 9 recommended that the disclosures for associates should be aligned with those for joint ventures because investments in associates can be material and are often strategic to an investor with significant influence. Accordingly, the Board decided that summarised financial information should also be provided for each material associate.

BC51 Nonetheless, the minimum line item disclosures required for each material associate would be less than those required for each material joint venture. The Board noted that an entity is generally more involved with joint ventures than with associates because joint control means that the entity has a right of veto over decisions relating to the relevant activities of the joint venture. Accordingly, the different nature of the relationship between a joint venturer and its joint ventures from that between an investor and its associates warrants a different level of detail in the disclosures of summarised financial information.

BC52 The Board also considered the views of some users who suggested that summarised financial information should be required for joint operations. Assets and liabilities arising from joint operations are an entity's assets and liabilities and consequently are recognised in the entity's financial statements. Those assets and liabilities would be accounted for in accordance with the requirements of applicable IFRSs, and would be subject to the relevant disclosure requirements of those IFRSs. Therefore the Board concluded that entities should not be required to provide summarised financial information separately for joint operations.

Commitments

BC53 ED 9 proposed that an entity should disclose any capital commitments that it has relating to its interests in joint arrangements. IAS 31 had similar requirements.

BC54 When discussing responses to ED 9, the Board examined two aspects of the proposals. The first was whether an entity should separately disclose commitments relating to all types of joint arrangements. The second was the need to maintain the adjective 'capital' when referring to commitments.

BC55 In response to concerns raised by respondents to ED 9, the Board reconsidered the proposals to disclose commitments for all types of joint arrangements. Respondents said that disclosure of commitments relating to joint operations would be of limited value because such commitments would be included within the disclosures of the entity itself. The Board was convinced by those reasons and decided not to require separate disclosure of commitments relating to an entity's interests in joint operations.

BC56 Regarding the nature of the commitments to be disclosed, the Board noted that 'capital commitment' is not a defined term in IFRSs. Consequently, 'capital' could potentially be interpreted to restrict the disclosures only to those commitments that would result in the capitalisation of assets. Instead, the Board concluded that the objective of the disclosure requirement was to provide information about all unrecognised commitments that could result in future operating, investing or financing cash outflows, or in any other type of outflow of resources from the entity in relation to its interests in joint ventures. Consequently, the Board decided to remove 'capital' from the requirement to disclose commitments.

Contingent liabilities

BC57 ED 9 carried forward the requirement in IAS 31 regarding contingent liabilities and proposed that an entity should separately disclose contingent liabilities relating to its interests in joint arrangements. The Board reconsidered that proposal in response to concerns raised by respondents to ED 9 who stated that separate disclosure of contingent liabilities relating to joint operations would be of limited value for the reasons noted in paragraph BC55.

BC58 The Board was again convinced by those reasons and, accordingly, decided not to require separate disclosure of contingent liabilities relating to an entity's interests in joint operations.

Disclosure requirements for venture capital organisations, mutual funds, unit trusts or similar entities that have an interest in a joint venture or associate

BC59 IAS 28 and IAS 31 established specific disclosure requirements for an entity that had investments in joint ventures or associates when the entity is a venture capital organisation, mutual fund, unit trust or similar entity, including investment-linked insurance funds. The Board discussed whether IFRS 12 should retain the specific disclosure requirements for those types of entities, or whether the disclosure requirements should be the same for all types of entities with interests in joint ventures or associates.

BC60 With the exception of those disclosures that are required only when using the equity method, the Board concluded that the disclosure requirements for interests in joint ventures and associates should be the same for all entities, regardless of whether those entities are venture capital organisations, mutual funds, unit trusts or similar entities. This decision is consistent with the Board's decision to remove the scope exclusion in IAS 28 and IAS 31 for those entities. The Board decided that such entities that hold interests in joint ventures and associates should not be excluded from the relevant standards. Rather, they are simply permitted to use a different measurement basis (ie fair value) for their investments.

Fair value of investments in joint ventures for which there are published price quotations

BC61 IAS 28 required an entity to disclose the fair value of investments in associates for which published price quotations were available. Such quotations might also be available for joint ventures. Consequently, the Board decided to align this disclosure requirement by requiring an entity to disclose the fair value of investments in joint ventures for which there are published price quotations.

Interests in unconsolidated structured entities

The need for the disclosure requirements

BC62 IAS 27 did not require disclosures relating to interests in unconsolidated entities. The Board was asked by users of financial statements, regulators and others (such as the G20 leaders and the Financial Stability Board) to improve the disclosure requirements for what are often described as 'off balance sheet' activities. Unconsolidated structured entities, particularly securitisation vehicles and asset-backed financings, were identified as forming part of such activities.

BC63 The Board concluded that when an entity has an interest in an unconsolidated structured entity, users of financial statements would benefit from information about the risks to which the entity is exposed from that interest. Such information is relevant in assessing the amount, timing and uncertainty of the entity's future cash flows.

BC64 As proposed in ED 10, IFRS 12 requires an entity to disclose information that enables users of financial statements to evaluate the nature of, and risks associated with, the entity's interest in unconsolidated structured entities.

BC65 Virtually all respondents to ED 10 agreed that there is a need for improved disclosures about an entity's exposure to risk from 'off balance sheet' activities. However, respondents expressed differing views on the nature and amount of information that should be disclosed. Some, including users of financial statements, supported the approach proposed in ED 10 to require disclosure of risks arising from interests in unconsolidated structured entities.

BC66 Other respondents pointed out that an entity can be exposed to the same risks from having interests in all types of entities. Therefore, they questioned why an entity should be required to provide particular information about its exposure to risk from its interests in unconsolidated structured entities, but not with other unconsolidated entities.

BC67 Some respondents were also concerned that the proposals would duplicate the risk disclosures in IFRS 7 *Financial Instruments: Disclosures*. IFRS 7 requires an entity to disclose qualitative and quantitative information about risks arising from financial instruments that the entity holds. Those respondents expressed the view that ED 10 proposed disclosures about the counterparties of financial instruments to which the disclosure requirements in IFRS 7 already apply.

BC68 In addition, some respondents disagreed with the proposals because they suspected that the Board had included the proposed disclosures as a 'safety net' because it was concerned that some structured entities might fail the consolidation criteria in ED 10, even though, in their view, consolidation would be appropriate.

BC69 When deliberating the responses to ED 10, the Board agreed with those respondents who emphasised that disclosures about unconsolidated structured entities cannot replace robust consolidation requirements. The disclosures proposed were never intended to compensate for weaknesses in the control definition. IFRS 10 documents the Board's determination to develop appropriate and robust consolidation criteria. Rather, the disclosure proposals were intended to complement the consolidation criteria, focusing on an entity's exposure to risk from interests in structured entities that the entity rightly does not consolidate because it does not control them.

BC70 The Board acknowledged that the same types of risks that the disclosure proposals in ED 10 were intended to capture can arise from an entity's interests in other types of entities and that it may be appropriate to develop risk disclosures that apply to an entity's interests in all types of unconsolidated entities. However, the Board noted that when it proposed the disclosure requirements in ED 10, it intended to provide a timely response to particular information needs identified during the global financial crisis that started in 2007. More specifically, users and regulators had expressed concerns about the lack of disclosure relating to investment and securitisation activities that an entity conducts through structured entities. They asked the Board to introduce specific risk disclosures for an entity's interests in unconsolidated structured entities because those particular interests had exposed entities to significant risks in the past. The proposed disclosure requirements in ED 10 were intended to meet those requests. To go beyond structured entities would delay addressing the concerns raised, which would not be beneficial to users.

BC71 The Board also noted that addressing disclosures for interests in unconsolidated structured entities would be an opportunity to align the disclosure requirements in IFRSs and US GAAP in this respect.

BC72 Regarding IFRS 7, the Board agreed with respondents that both requirements will often result in disclosure of the same underlying risks. What is different is how the disclosure requirements describe an entity's risk exposure. IFRS 7 requires qualitative and quantitative disclosures about the credit, liquidity, market and other risks associated with financial instruments. IFRS 12 adopts a different perspective and requires an entity to disclose its exposure to risk from its interest in a structured entity.

BC73 The Board believes that information from both perspectives assists users of financial statements in their analysis of an entity's exposure to risk—the disclosures in IFRS 7 by identifying those financial instruments that create risk, and the disclosures in IFRS 12 by providing, when relevant, information about:

(a) the extent of an entity's transactions with structured entities;

(b) concentrations of risk that arise from the nature of the entities with which the entity has transactions; and

(c) particular transactions that expose the entity to risk.

BC74 Accordingly, the Board concluded that although the disclosures in IFRS 7 and IFRS 12 regarding unconsolidated structured entities might overlap to some extent, they complement each other.

BC75 The Board was also persuaded by information received from users of financial statements in the US, who had been using the disclosures required by US GAAP for variable interest entities in their analysis. Those users confirmed that the new disclosures provided them with information that was not previously available to them, but which they regarded as important for a thorough understanding of an entity's exposure to risk.

BC76 Many of those users referred also to the global financial crisis and emphasised that a better understanding of an entity's interests in unconsolidated structured entities might have helped to identify earlier the extent of risks to which entities were exposed. Accordingly, those users stated that the new disclosures had significantly improved the quality of financial reporting and strongly encouraged the Board to require similar disclosures for IFRS preparers.

BC77 The Board considered whether an entity should be required to disclose the information for interests in unconsolidated structured entities as well as for interests in joint ventures or associates if a joint venture or an associate meets the definition of a structured entity. The Board concluded that an entity should provide information that meets both sets of disclosure requirements if it has interests in joint ventures or associates that are structured entities. In reaching this conclusion, the Board noted that an entity should capture most, and in some cases all, of the disclosures required for interests in unconsolidated structured entities by providing the disclosures for interests in joint ventures and associates. Accordingly, the Board does not think that this conclusion should significantly increase the amount of information that an entity would be required to provide.

The scope of the risk disclosures

Interests in unconsolidated structured entities

BC78 In response to concerns raised by respondents to ED 10 about the scope of the risk disclosures, the Board considered whether it should try to define 'interests in' more narrowly, for example, by stating that an entity would be required to disclose information only about interests that give rise to exposure to loss beyond amounts recognised in its financial statements. However, the Board concluded that any such attempt to narrow the definition of 'interests in' would complicate the guidance and would probably exclude disclosure of information that users would find useful.

BC79 The Board also considered whether to require disclosure of significant interests in structured entities—some respondents to ED 10 had suggested clarifying that an entity would not be required to disclose information about insignificant interests with structured entities. The Board decided against adding 'significant' for a number of reasons. First, the Board noted that because the concept of materiality underpins the disclosure requirements in IFRS 12 as it does in all other IFRSs, an entity would be required to disclose only information that is material as defined and described in the *Conceptual Framework*. The Board also noted that the term 'significant' is not defined in IFRSs. Comments received on other projects suggest that 'significant' is interpreted in different ways. The Board concluded that, without defining the term, adding 'significant' would be of no benefit to those using IFRS 12 to prepare or audit financial statements.

BC80 The Board decided to retain the wider definition of 'interest in' (ie an entity's involvement with another entity, whether contractual or non-contractual, that exposes the entity to variability of returns from the performance of the other entity). The Board was convinced by comments received from US preparers, auditors and users about their experience with the US GAAP requirements to disclose information about involvement with variable interest entities. Involvement is not defined by US GAAP but is interpreted in a way similar to how 'interest in' is defined in IFRS 12. US preparers and users generally agreed with the scope of the disclosure requirements—US users of financial statements thought that the revised disclosure requirements provided them with an appropriate degree of detail; US preparers and accountants thought that the disclosure requirements allow entities to focus on presenting information that is considered relevant for users of financial statements. US preparers and accountants also noted that both the aggregation guidance and the requirement that an entity should determine, in the light of facts and circumstances, how much detail it must give to satisfy the disclosure requirements provide sufficient flexibility for preparers.

BC81 Consequently, the Board decided to include in IFRS 12 the requirement to consider the level of detail necessary to meet the disclosure objectives and to include aggregation principles and guidance to assist preparers when determining what level of detail is appropriate.

The definition of a structured entity

BC82 IFRS 12 introduces the term 'structured entity'. The type of entity the Board envisages being characterised as a structured entity is unlikely to differ significantly from an entity that SIC-12 *Consolidation—Special Purpose Entities* described as a special purpose entity (SPE). SIC-12 described an SPE as an entity created to accomplish a narrow and well-defined objective, listing as examples entities established to effect a lease, research and development activities or a securitisation of financial assets.

BC83 The Board considered whether to define a structured entity in a way similar to a variable interest entity (VIE) in US GAAP. US GAAP defines a VIE, in essence, as an entity whose activities are not directed through voting or similar rights. In addition, the total equity at risk in a VIE is not sufficient to permit the entity to finance its activities without additional subordinated financial support. US GAAP contains extensive application guidance to help determine the sufficiency of the equity, including a 10 per cent equity threshold that is generally used to determine whether an entity's equity is sufficient. The Board decided against this approach because it would introduce complicated guidance solely for disclosure purposes that was not previously in IFRSs.

BC84 The Board therefore decided to define a structured entity as an entity that has been designed so that voting rights are not the dominant factor in deciding who controls the entity. The Board also decided to include guidance similar to that included in SIC-12 to reflect the Board's intention that the term 'structured entity' should capture a set of entities similar to SPEs in SIC-12. The Board also decided to incorporate some of the attributes of a VIE included in US GAAP. In particular, a structured entity is an entity whose equity is often not sufficient to permit the entity to finance its activities without additional subordinated financial support. The Board reasoned that users had requested risk disclosures relating to structured entities because being involved with such entities inherently exposes an entity to more risk than being involved with traditional operating entities. The increased risk exposure arises because, for example, the entity has restricted activities, is created to pass risks and returns arising from specified assets to investors, or there is insufficient equity to fund losses on the assets, if they arise.

BC85 The definition does not state that if an entity has insufficient equity at risk, it would always be deemed to be a structured entity. There are two reasons for this. The first is that such a definition would require extensive application guidance to help determine the sufficiency of the equity, similar to US GAAP, to which the Board was opposed for the reasons noted in paragraph BC83. The second is that the Board feared that some traditional operating entities might be caught by such a definition when it had no intention of doing so. For example, a traditional operating entity whose financing had been restructured following a downturn in activities might be deemed to be a structured entity, which was not what the Board intended.

Nature of interest

BC86 IFRS 12 requires an entity to disclose information that enables users of financial statements to understand the nature of, and changes in, the risks associated with its interests in structured entities (see paragraphs BC92-BC114). As a consequence, an entity would be required to provide disclosures about its exposure to risk when it has sponsored an unconsolidated structured entity and has retained an interest in the structured entity, for example by holding debt or equity instruments of the structured entity.

BC87 However, that decision would not require an entity to provide disclosures if the entity does not retain any interest in the structured entity through explicit or implicit involvement. The Board received views from many constituents who reasoned that sponsoring a structured entity can create risks for an entity, even though the entity might not retain any interest in the structured entity. If the structured entity encounters difficulties, it is possible that the sponsor could be challenged on its advice or actions, or might choose to act to protect its reputation.

BC88 IFRS 12 also requires disclosure regarding the provision of financial and other support to a structured entity when there is no contractual obligation to do so and about any current intentions to provide financial support or other assistance in the future (see paragraphs BC102-BC106). Although helpful, the disclosure provides an incomplete picture of an entity's exposure to risk from its sponsoring activities because:

(a) the disclosure requirement applies only when the entity has provided, or intends to provide, financial support to a structured entity.

(b) an entity's exposure to risk from its sponsoring activities is broader than the risk to provide implicit support to the structured entity. For example, an entity that does not intend to provide any implicit support might be exposed to litigation risk from sponsoring a failed structured entity.

(c) there is currently no other disclosure requirement that would inform users of financial statements about an entity's risk exposure from its sponsoring activities. For example, the disclosure requirements in IFRS 7 do not result in such information because there is usually no financial instrument associated with the sponsorship that would trigger the disclosures. The disclosure requirements relating to transfers of financial assets apply only if an entity has transferred its own financial assets to the structured entities that it sponsors. In addition, an unconsolidated structured entity is unlikely to meet the definition of a related party in IAS 24 *Related Party Disclosures.*

BC89 Users said that it would be useful to have information about the scale of an entity's operations that is derived from transactions with unconsolidated structured entities, ie to have more information about an entity's business model and the risks associated with that business model. This would be particularly useful to help understand the likely effect on the performance of an entity attributable to either a loss of income or a restriction on the entity's ability to carry out its usual business activities if there were a significant decrease in the use of structured entities for investing or financing purposes. They noted that during the global financial crisis that started in 2007 investors became concerned about the extent to which entities had been involved with structured investment vehicles. However, few entities disclosed information about the extent of their involvement in establishing such vehicles. It was, therefore, difficult to assess the potential exposure an entity might have. Those users also confirmed that their request for such information precedes the global financial crisis, and is not simply a reaction to it.

BC90 In response to requests from users and others, the Board decided to require an entity to disclose income derived from, and asset information about, structured entities that the entity has sponsored. The Board noted that the requirements are not intended to help assess the actual risk of failure or recourse to an entity. Rather, they would give a sense of the scale of the operations an entity had managed with these types of transactions and the extent of the entity's reliance on such entities to facilitate its business. For this reason, the Board concluded that the asset information disclosed should refer not only to assets transferred by the sponsor but to all assets transferred to the structured entity during the reporting period. The information provided would be a signpost that would enable users to identify when to ask for further information.

BC91 Because an entity is required to disclose information about its exposure to risk when it retains an interest in an unconsolidated structured entity, the Board decided that the requirement to disclose income and asset information when acting as a sponsor should be required only when an entity has not provided disclosures about the nature of its risks from that interest in the unconsolidated structured entity.

Nature of risks

BC92 ED 10 proposed that an entity should disclose information to help users of financial statements evaluate the nature and extent of the entity's risk from its interests in unconsolidated structured entities. To support that objective, the exposure draft proposed that an entity should disclose the carrying amounts of its assets and liabilities relating to its interests in structured entities, its maximum exposure to loss and the reported amount of assets of structured entities. ED 10 also listed other information (such as information about the assets and funding of structured entities) that might be useful to an assessment of the risks to which an entity is exposed.

BC93 Users generally supported the disclosures proposed. However, other respondents to ED 10, although agreeing that risk disclosures were required, thought that the proposed disclosure requirements were too prescriptive. In their view, an entity should be allowed to disclose its risk exposure on the basis of the information generated by its internal risk reporting system rather than on the basis of the information proposed in ED 10.

BC94 Although agreeing with respondents that an entity should generally be allowed to tailor its disclosures to meet the specific information needs of its users, the Board decided that the disclosure requirements should contain a minimum set of requirements that should be applied by all entities. The Board was convinced by comments from users who pointed out that without any specific disclosure requirements, comparability would be impaired and an entity might not disclose information that users find important.

BC95 Users of financial statements confirmed that information about an entity's exposure to loss from its interests in unconsolidated structured entities and supplementary information about the financial position of both the entity and the structured entity is relevant to their analysis of financial statements.

The assets of structured entities

BC96 The Board was persuaded by the views of respondents who argued that disclosure of assets held by structured entities without information about the funding of the assets is of limited use, and could be difficult to interpret. Therefore, the Board decided to require an entity to disclose information about the nature, purpose, size and activities of a structured entity and how the structured entity is financed. The Board concluded that this requirement should provide users with sufficient information about the assets held by structured entities and the funding of those assets, without requiring specific disclosure of the assets of unconsolidated structured entities in which the entity has an interest in all circumstances. If relevant to an assessment of its exposure to risk, an entity would be required to provide additional information about the assets and funding of structured entities.

Exposure to loss

BC97 The Board acknowledged that, sometimes, information about an entity's expected losses might be more relevant than information about its maximum exposure to loss and that the disclosure of either amount would require the application of judgement. However, if IFRS 12 required the disclosure of expected losses only, the Board was concerned that an entity might often identify a positive expected value of returns from its interests in unconsolidated structured entities and, as a consequence, would not disclose any loss exposure. Accordingly, the Board retained the requirement to disclose an entity's maximum exposure to loss from interests in unconsolidated structured entities.

BC98 The Board decided not to provide a definition of what represents a loss but to leave it to an entity to identify what constitutes a loss in the particular context of that reporting entity. The entity should then disclose how it has determined its maximum loss exposure.

BC99 The Board acknowledged that it may not always be possible to calculate the maximum exposure to loss, such as when a financial instrument exposes an entity to theoretically unlimited losses. The Board decided that when this is the case an entity should disclose the reasons why it is not possible to calculate its maximum exposure to loss.

BC100 Lastly, the Board decided to require an entity to disclose a comparison of the carrying amounts of the assets and liabilities in its statement of financial position and its maximum exposure to loss. This is because the information will provide users with a better understanding of the differences between the maximum loss exposure and the expectation of whether it is likely that an entity will bear all or only some of those losses. In the past, maximum exposure to loss information (when it was provided) was often accompanied by a statement that the information did not in any way represent the losses to be incurred. The Board reasoned that this disclosure requirement should help an entity explain why the maximum exposure to loss is unrepresentative of its actual exposure if that is the case.

BC101 The Board also noted that the disclosures required regarding an entity's exposure to loss mirror those required by US GAAP, which have been well received by users of financial statements in the US.

Providing financial support without having an obligation to do so

BC102 ED 10 proposed requiring the disclosure of support that an entity has provided to unconsolidated structured entities without having a contractual obligation to do so.

BC103 Most respondents to ED 10 agreed with the proposed disclosures, noting that an entity's past actions may be an important factor in considering the substance of its relationship with structured entities. Some, however, questioned the proposal to disclose any current intentions to provide support to a structured entity and questioned how to interpret 'support'.

BC104 The Board agreed with those respondents who thought that it would be unreasonable to expect an entity to include forward-looking disclosures about a decision that might be made in the future. However, the Board concluded that IFRS 12 should retain the requirement to disclose any current intentions to provide non-contractual financial or other support because if an entity has decided that it will provide support (ie it has current intentions to do so), this should be disclosed.

BC105 The Board decided not to define 'support' because a definition of support would either be so broad that it would be an ineffective definition or invite structuring so as to avoid the disclosure. The Board believes that financial support is widely understood as a provision of resources to another entity, either directly or indirectly. In the case of implicit arrangements, the support is provided without having the contractual obligation to do so. Nonetheless, the Board decided to include some examples of financial support in IFRS 12. In order to address respondents' concerns about distinguishing this provision of financial support from any other commercial transaction, the Board clarified that the disclosure is required when an entity has provided non-contractual support to an unconsolidated structured entity in which it previously had or currently has an interest.

BC106 The Board also decided to extend the requirement to support provided to both consolidated and unconsolidated structured entities. US GAAP includes this requirement and users confirmed that they find the disclosure of such information useful.

Risks arising from previous involvement with unconsolidated structured entities

BC107 The actions of some entities during the global financial crisis that started in 2007 demonstrated that an entity can have exposure to risk from involvement with a structured entity, even though it may not control or have any contractual involvement with that entity at the reporting date. For example, failure of a structured entity might damage an entity's reputation, compelling the entity to provide support to the structured entity in order to protect its reputation, even though the entity has no legal or contractual requirement to do so.

BC108 The Board considered how best to address requests to improve the disclosure requirements in this area. The difficulty faced by the Board was to determine which disclosures might help assess an entity's exposure to reputational risk in advance of a financial crisis happening.

BC109 The Board considered asking for five-year historical information about the assets transferred to unconsolidated structured entities that the reporting entity had sponsored. However, the Board concluded that historical information beyond that required by paragraph 27 of the IFRS would not necessarily provide any useful information about the risks to which a sponsor is currently exposed. Information at the reporting date about total assets of unconsolidated structured entities that an entity had sponsored might be useful. However, this information would be difficult, if not impossible, for entities to provide because the entity does not control, or have an interest in, the structured entity at the reporting date. The Board also considered whether to ask for additional information when a particular triggering event occurred (for example, when a structured entity holds troubled assets). However, again, the Board rejected such an approach. Requiring additional disclosures only when the triggering event happens would probably yield information that was too late to be useful.

BC110 The Board decided that the objective in this respect is that an entity should provide information about its exposure to risk associated with its interests in structured entities, regardless of whether that risk arises from having an existing interest in the entity or from being involved with the entity in previous periods. Therefore the Board decided to define 'an interest in an entity' as contractual or non-contractual involvement that exposes the entity to variability of returns. In addition, the Board decided to state explicitly that the disclosures about an entity's exposure to risk should include risk that arises from previous involvement with a structured entity even if an entity no longer has any contractual involvement with the structured entity at the end of the reporting period.

Additional information that might be relevant to an assessment of risk

BC111 When the Board included a list of other information that might be relevant to an assessment of risk in ED 10, it did not intend each item in the list of proposed supplemental disclosures to apply in all circumstances, ie no item was intended to be mandatory. Rather, the Board thought that all the proposed disclosures had the potential to provide important information. Depending on a particular set of facts and circumstances, some of the proposed disclosures would be very relevant whereas others would not. Therefore, an entity might be expected to provide some, but not all, of the disclosures included in the list.

BC112 The difficulty facing the Board was that preparers and users generally have differing views about the level of prescriptive detail to include in disclosure requirements. Preparers generally propose having clear disclosure principles but with a limited number of prescriptive disclosure requirements. They believe that each reporting entity should be able to determine what information meets the disclosure principles on the basis of the particular facts and circumstances surrounding the entity. Users, on the other hand, prefer to have prescriptive disclosure requirements so that the information provided by preparers is comparable.

BC113 The Board's intentions regarding the disclosure of exposure to risk is for an entity to disclose information that is important when assessing that exposure, but not to cloud the information with unnecessary detail that would be considered irrelevant. If an entity has a large exposure to risk because of transactions with a particular unconsolidated structured entity, then the Board would expect extensive disclosure about that exposure. In contrast, if the entity has very limited exposure to risk, little disclosure would be required.

BC114 The Board decided to retain a list of examples of disclosures that might be relevant to emphasise the level of detail that would be required when an entity has a large exposure to risk from its interests in unconsolidated structured entities. However, the Board decided to make clear that the list of additional information that, depending on the circumstances, might be relevant is a list of examples of information that might be relevant and not a list of requirements that should be applied regardless of the circumstances.

Effective date and transition

BC115 The Board decided to align the effective date for the IFRS with the effective date for IFRS 10, IFRS 11 *Joint Arrangements*, IAS 27 *Separate Financial Statements* and IAS 28 *Investments in Associates and Joint Ventures.* When making this decision, the Board noted that the five IFRSs all deal with the assessment of, and related accounting and disclosure requirements about, a reporting entity's special relationships with other entities (ie when the reporting entity has control or joint control of, or significant influence over, another entity). As a result, the Board concluded that applying IFRS 12 without also applying the other four IFRSs could cause unwarranted confusion.

BC116 The Board usually sets an effective date of between twelve and eighteen months after issuing an IFRS. When deciding the effective date for those IFRSs, the Board considered the following factors:

(a) the time that many countries require for translation and for introducing the mandatory requirements into law.

(b) the consolidation project was related to the global financial crisis that started in 2007 and was accelerated by the Board in response to urgent requests from the leaders of the G20, the Financial Stability Board, users of financial statements, regulators and others to improve the accounting and disclosure of an entity's 'off balance sheet' activities.

(c) the comments received from respondents to the Request for Views *Effective Date and Transition Methods* that was published in October 2010 regarding implementation costs, effective date and transition requirements of the IFRSs to be issued in 2011. Most respondents did not identify the consolidation and joint arrangements IFRSs as having a high impact in terms of the time and resources that their implementation would require. In addition, only a few respondents commented that the effective dates of those IFRSs should be aligned with those of the other IFRSs to be issued in 2011.

BC117 With those factors in mind, the Board decided to require entities to apply the five IFRSs for annual periods beginning on or after 1 January 2013.

BC118 Most respondents to the Request for Views supported early application of the IFRSs to be issued in 2011. Respondents stressed that early application was especially important for first-time adopters in 2011 and 2012. The Board was persuaded by these arguments and decided to permit early application of the five IFRSs (ie IFRS 10, IFRS 11, IFRS 12, IAS 27 (as amended in 2011) and IAS 28 (as amended in 2011)) but only if an entity applies all those IFRSs.

BC119 Notwithstanding that decision, the Board noted that an entity should not be prevented from providing any information required by IFRS 12 early if by doing so users gained a better understanding of the entity's relationships with other entities. In reaching that decision, the Board observed that if an entity chooses to apply some, but not all, of the requirements of IFRS 12 early, the entity would be required to continue to apply the disclosure requirements of IAS 27, IAS 28 and IAS 31 until such time that it applies all the requirements of IFRS 12.

BC119A In June 201 2, the Board amended the transition guidance in Appendix C to IFRS 10

Consolidated Financiai Statements. When making those amendments, the Board decided to limit the requirement to present adjusted comparatives to the annual period immediately preceding the date of initial application of IFRS 10. This is consistent with the minimum comparative disclosure requirements contained in IAS 1 *Presentation of Financia Statements* as amended by *Annua Improvements to IFRSs* 2009-2011 *Cycle* (issued May 2012). Those amendments confirmed that when an entity applies a changed accounting policy retrospectively, it shan present, as a minimum, three statements of financial position (ie 1 January 2012, 31 December 2012 and 31 December 2013 for a calendar-year entity。 assuming no early application of this IFRS) and two of each of the other statements (IAS 1 paragraphs 40A-40B). The Board also decided to make similar amendments to the transition guidance in Appendix C to IFRS 11 *Joint Arrangements* and Appendix C to this IFRS to be consistent with this decision.

BC119B IFRS 12 introduces new disclosures relating to unconsolidated structured entities. Feedback from interested parties informed the Board that the changes to their accounting and reporting systems that are needed to capture this information were more onerous than originally envisaged, particularly in respect of comparative periods prior to the effective date of IFRS 12. Consequently, the Board decided to provide additional transition relief by eliminating the requirement to present comparatives for this information for periods beginning before the first year that IFRS 12 is applied.

Summary of main changes from ED 9 and ED 10

BC120 The main changes from the exposure drafts ED 9 and ED 10 are:

(a) The disclosure requirements for subsidiaries, joint arrangements, associates and unconsolidated structured entities are included in IFRS 12, separately from the accounting requirements relating to an entity's interests in those entities. ED 9 and ED 10 had proposed that the disclosure requirements would be located with the accounting requirements in IAS 28, IFRS 10 and IFRS 11. (paragraphs BC7 and BC8)

(b) IFRS 12 includes application guidance dealing with the aggregation of information disclosed in accordance with the requirements of the IFRS.

(c) IFRS 12 requires the disclosure of significant judgements and assumptions made in determining whether an entity has a special relationship (ie control, joint control or significant influence) with another entity. ED 10 had proposed disclosure of the basis of an entity's assessment of whether it controls another entity in particular scenarios. (paragraphs BC14-BC19)

(d) IFRS 12 requires the disclosure of summarised financial information for subsidiaries that have non-controlling interests that are material to the entity. ED 9 had proposed disclosing a list of significant subsidiaries. (paragraphs BC21-BC29)

(e) IFRS 12 requires disclosure of the nature of, and risks associated with, an entity's interests in consolidated structured entities. (paragraphs BC34-BC36)

(f) IFRS 12 requires the disclosure of summarised financial information for each material joint venture and associate, and requires more detailed information for joint ventures than for associates. ED 9 had proposed less detailed summarised financial information for each material joint venture and summarised financial information in aggregate for associates. (paragraphs BC47-BC52)

(g) IFRS 12 requires entities that are venture capital organisations, mutual funds, unit trusts and similar entities to provide all the disclosures relating to interests in joint ventures and associates. ED 9 proposed that such entities would be required to provide only some of the disclosures relating to interests in joint ventures and associates. (paragraphs BC59 and BC60)

(h) IFRS 12 does not require the disclosure of the reported amount of assets held by structured entities in which an entity has an interest. ED 10 had proposed disclosing such information. (paragraph BC96)

Convergence with US GAAP

BC121 Most of the disclosure requirements for consolidated and unconsolidated structured entities are similar to those for variable interest entities in Subtopic 810-10 in the *FASB Accounting Standards Codification.* The Board developed many of those disclosure requirements in conjunction with the FASB, following the Financial Stability Board's recommendation to work with other accounting standard-setters to achieve international convergence in this area. However, IFRS 12 goes further than the disclosure requirements in Subtopic 810-10 because it requires an entity to disclose information about:

(a) the interest that non-controlling interests have in the activities of a consolidated structured entity; and

(b) the risks from sponsoring an unconsolidated structured entity for which the entity does not provide other risk disclosures.

BC122 IFRS 12 also includes more detailed disclosure requirements than US GAAP for subsidiaries, joint arrangements and associates (eg summarised financial information for subsidiaries with material non-controlling interests, and material joint ventures and associates).

Cost-benefit considerations

BC123 The objective of financial statements is to provide information about the financial position, performance and changes in financial position of an entity that is useful to a wide range of users in making economic decisions. To attain this objective, the Board seeks to ensure that an IFRS will meet a significant need and that the overall benefits of the resulting information justify the costs of providing it. Although the costs to implement a new IFRS might not be borne evenly, users of financial statements benefit from improvements in financial reporting, thereby facilitating the functioning of markets for capital and credit and the efficient allocation of resources in the economy.

BC124 The evaluation of costs and benefits is necessarily subjective. In making its judgement, the Board considers the following:

(a) the costs incurred by preparers of financial statements;

(b) the costs incurred by users of financial statements when information is not available;

(c) the comparative advantage that preparers have in developing information, compared with the costs that users would incur to develop surrogate information;

(d) the benefit of better economic decision-making as a result of improved financial reporting; and

(e) the costs of transition for users, preparers and others.

BC125 The Board observed that IFRS 12 will improve the ability of users to understand consolidated financial statements by requiring disclosure of information about the interests that non-controlling interests have in the group's activities. IFRS 12 will also improve users' understanding of the special relationships that a reporting entity has with entities that are not consolidated (ie the relationships with joint arrangements, associates and unconsolidated structured entities).

BC126 In particular, an entity was not previously required to provide information specifically about its exposure to risk from interests in structured entities. The requirements in IFRS 12 relating to interests in unconsolidated structured entities respond to the conclusions of the G20 leaders and the recommendations of international bodies such as the Financial

Stability Board following the global financial crisis that started in 2007. The G20 leaders and the Financial Stability Board recommended that the IASB should accelerate its work on enhancing disclosure requirements for 'off balance sheet' vehicles (such as structured investment vehicles), in particular to ensure that entities are required to disclose their exposure to risk and potential losses associated with their involvement with such vehicles.

BC127 During the development of IFRS 12, the Board consulted users of financial statements, who confirmed the benefit of having more information about:

(a) an entity's exposure to risk from interests in structured entities;

(b) non-controlling interests within the group; and

(c) joint arrangements and associates.

BC128 There are costs involved in the adoption and ongoing application of IFRS 12. Those costs will depend on the nature and complexity of the relationships that a reporting entity has with other entities. However, given the benefits for users noted in paragraphs BC125-BC127, the Board believes that the benefits of IFRS 12 outweigh the costs.